逻
各
斯
logos

猫
头
鹰
译
丛

格言与思想

Maximes et pensées

Sébastien-Roch Nicolas de Chamfort

[法] 尚福尔 著

杨小雪 李筱希 译 李筱希 校

上海人民出版社

本书主体部分根据阿道夫·冯·贝韦尔编辑的《格言与思想》
（*Maximes et pensées: Caractères et anecdotes,* Georges Crès, 1923）译出；
补遗68条，根据巴黎珍本印社1879年出版的《尚福尔选集》
（*Euvres choisies de Chamfort,* Paris, Librairie des Bibliophiles, 1879, t. I）译出。

目录

第一章
普世格言

(一)

智者把思想结晶成格言、公理及警句,以期或平庸或懒惰的人能派上用场——至少看似如此。 懒人借用一条格言,免去了思考之苦,反正格言作者已通过思考得出结果,并告之于读者了。 懒人和庸人以为可坐享成果,以为格言是个百搭的东西,虽然格言作者本人并未说过这话——除非作者也是平庸之辈。 这事时有发生。 有头脑的人一下子就能领会事物的异同,因这异同,格言或者多少适用于某种情况,或者完全不适用。 在自然史中,也是如此,由于喜欢省烦从简,人们发明了界门纲目。 从前,人想要有分门别类的才能,因为他要对万物的联系进行比照和思考;但如今,伟大的自然学家和智者发现自然造出的生灵各有不同,并意识到分门别类——这个已被庸人懒汉滥用的手段——的局限性。 我们可以把这两群人归为一类:许多时候,平庸和懒惰都是一个东西,且常常互为因果。

(二)

大多数诗词金句集的选编者就像在吃樱桃或生蚝,先把最好吃的挑出来吃了,再吃剩下的。

(三)

若有一本书，能把在最知名的著作中、在最有名望的作家笔下得到阐述的所有人性、社会、道德中的堕落思想写出来，把滋生宗教迷信的观点、蹩脚的政治公理、专制思想、阶级虚荣心、各种各样的大众偏见都收进去，那这本书就太有意思了。我们会发现，几乎所有书籍都败坏道德，最好的书籍造下的恶不亚于它所行的善。

(四)

人们不停地写书探讨教育，相关作品也提供了一些有益的思想和有用的办法，简而言之，它们还是起了些许作用。但总体看来，我们若不在法律、宗教、舆论中同时发起改革，这些作品又有何用？教育只有一个目的，便是在法律、宗教和舆论上，让稚童的理性向公共理性靠拢。若这三者之间起了冲突，人们当提供怎样的教育呢？在培养孩子明理的过程中，您又应当如何做，才能促使他更早看清被宗教、公共、法律当权者签章认可的思想风俗中的荒谬，并激起他对这些东西的鄙夷呢？

(五)

分析某人、某个社会所持观点中的思想，这是人快乐明理的源泉。检视那些左右了某些舆论走向的观点，亦不失趣味，且往往更有意思。

(六)

文明就如烹饪。当我们看见桌上摆着易被消化、有利健康的精美菜肴时，心里会倍感舒畅，觉得烹饪简直是一门学问；可若桌上堆的是菜糊、汤汁、肉糜，我们就会咒骂厨子和他们的糟糕厨艺。这个道理对于文明同样适用。

（七）

在我看来，当今社会中的人更易被理性而非激情腐蚀。在井然的社会秩序中，我们反能在激情（我指原始人身上的那种激情）中依稀发现些许本真。

（八）

社会并非如常人以为的那样是自然发展的产物，而是对自然的完全拆解和重塑。它就是一栋二手建筑，借着前一栋建筑的残砖破瓦搭建起来。人们又惊又喜地拾到自然留下的残片。逃到社会中来的，正是自然情感的朴实表达造就出的残片；而有时候，它想逃避的人越是身份尊贵——即离自然越远，它就越令人愉悦。比如国王就为其所迷，可国王却是自然的极端对立面。它犹如古老的多利安柱式或科林斯柱式①建筑遗骸，残存在粗陋的现代建筑中。

（九）

总而言之，若社会不是一个人造赝品，那任何单纯真实的情感就不会造成如此巨大的反响。它固然令人愉悦，却不会引发惊异。可实际上，它受人喜欢，也令人惊奇。我们的惊奇是对社会的讽刺，

_____

① 多利安柱式和科林斯柱式，是古希腊建筑三大柱式中的两种，还有一种是爱奥尼亚柱式。 ——译者注

我们的愉悦则是对自然的崇敬。

（十）

跟警察局特务一样，骗子也得有些许名誉：他们若看上去不像个好搭档，那就赚不了那么多钱了。

（十一）

一个平头百姓、一个乞丐可能遭人轻鄙。若被轻鄙的只是他的外表，他便不会被视作卑鄙之徒；倘若这个乞丐在人品上遭到攻击，哪怕攻击他的是欧洲最尊贵的君王，他的人格也会变得跟其社会地位一样低下。

（十二）

我们必须承认，人生在世就得时不时演戏。但绅士和骗子的区别是，绅士只在迫不得已或为逃离险境时才演戏，骗子演戏却不分场合。

（十三）

人有时会搬出一套相当奇怪的论辩。听到别人对第三者赞不绝口，他想驳斥，便会说："毕竟他是您的朋友。"啊，见鬼！因为我称赞他的那些优点是事实，因为他完全就是我所描绘的那种人，所以他才是我的朋友。可您因果倒置了。为什么您认为，因为他是我的朋友，所以我才替他说好话？为什么您不反过来去想，他之所以成为我的朋友，正因为他就像我所说的那样品行良好？

（十四）

伦理学家和政治家分两类人。 第一类人占大多数，他们只看到人性丑恶荒谬的一面，琉善、蒙田、拉布吕耶尔、拉罗什富科、斯威夫特、曼德维尔、爱尔维修等人便属此类。 另一类人只看到人性美好的一面，甚至认为它是完美的，例如沙夫茨伯里等少数人便持此看法。 第一类人只看到宫殿里的粪厕，却看不到宫殿本身。 第二类人热情满满，却不去看那些他们觉得刺眼但切实存在的东西。 Est in medio verum（真相在两者之间）。

（十五）

你们想拿到证据，以证明所有道德教化书籍百无一用？ 那只须看看世袭贵族身上的偏见即可。 他们的哪个缺点不曾遭到哲学家、演说家和诗人的口诛笔伐？ 不曾遭到各类学者的大肆鞭笞？ 不曾引发各种冷嘲热讽？ 可这些讨伐可曾打消了人们对乘肥衣轻的贵族生活的各种幻想和描绘？ 可曾让谢兰①的高官厚爵化为乌有？

（十六）

戏剧追求的是效果。 但好诗人和蹩脚诗人的区别是：前者运用合理手法达到他想要的效果；而在后者看来，所有手法都是极好的。这就像同是求财的绅士和骗子：前者只用光明磊落的方法，后者则无所不用其极。

----

① 博尔纳·谢兰（Bernard Cherin， 1718—1785），法国家谱学家和历史学家。

（十七）

哲学就如医学，狗皮膏药太多，良药太少，灵丹基本没有。

（十八）

欧洲大约有一亿五千万人口，非洲有三亿人口，亚洲人口大约是欧洲人口的三倍有余，我们再假定美洲和大洋洲只有我们大陆的一半人口，那我们可以确定一点：地球上每天有十万多人死亡。哪怕一个人只能活到三十岁，他大概也已一千四百次躲过了这场恐怖大毁灭。

（十九）

我见过一些男人，他们既没有开阔的眼界，也没有过人的智慧，只知道某个简单直接的道理，但那个简单的道理足以使他们辨明人性的虚荣和愚蠢，使他们拥有个人的尊严感，并尊重别人的尊严。我也见过类似的女人，她们很早时候就在真挚情感的引导下获得了相同的看法。根据这两种观察，我们可得出以下结论：那些为虚荣和愚蠢付出巨大代价的人，才是末等人。

（二十）

不懂运用玩笑、头脑不够活络的人，往往或被视为虚伪之徒，或被视为迂腐学究。这真是个令人恼火的两难选择。但体面人通常摆出或优雅或戏谑的姿态，躲过这道非此即彼的选择题。

(二十一)

一个人年少时常会觉得一种观点或习俗可笑，随着年岁增长，又会发现其中的道理，便觉得它不那么可笑了。 那么，我们是否可得出有些习俗并非如此可笑的结论？ 我们有时得考虑到：这些习俗观点的建立者已经读完了人生之书的全本，而它们的评论者——且不论其才智如何——不过才翻了其中几页而已。

(二十二)

依据从上流社会和社交礼仪中得来的观点，牧师或神甫得稍有信仰才不至于显得虚伪，得不笃信教理才不至于显得狭隘。 听到某句反宗教的话，副主教会微微一笑，主教会哈哈大笑，红衣主教则会再加上两句自己的观点。

(二十三)

大部分贵族都记得他们的祖先，就像一个意大利导游总是记得西塞罗一样。①

(二十四)

某个我忘记名字的旅行家曾在书中说，非洲一些土著相信灵魂不死。 他们没解释人死后灵魂会变成什么，但相信他会在村子附近的荆棘丛中游荡。 于是若有人去世，他们会在接下来几个清晨去荆棘

———————

① "导游"（cicerone）一词起源于西塞罗（Cicéron）。

从中寻找游魂；寻而不得后，他们就放弃追踪，再不想此事。 我们哲学家做的事、或力图去做的事，跟这也差不多。

（二十五）

一个深得公众敬重的体面人士须得不在意，甚至抵触这种敬重，而沽名钓誉之辈则为此费尽心机。

（二十六）

《圣经》说，死亡诞自分辨善恶的智慧树。 这真是个漂亮的隐喻。 人看破事物本质后，幻象的毁灭造成心灵的死亡，换言之，他对别人关心忙碌的任何事情都变得漠不关心。 这不就是这个隐喻想表达的象征意义吗？

（二十七）

这个世界须包罗万象才成，哪怕在社会体系的人造结构中也得如此。 有人拿自然对抗社会，拿真理对抗舆论，拿事实对抗约定俗成。 这类人思想尖锐、性格分明，其影响比我们想象的更为人所察。 还有一些人，我们只需向他们展示真相，他们就会天真惊讶、兴致勃勃地追在真相后面。 他们惊讶的是，这样一件惊人的事（我们知道如何将它描述成如此），先前居然对其一无所知。

（二十八）

人们觉得聋子是上流社会中的不幸儿。 这难道不是上流社会自作多情得出的一个判断吗？ 它说：那个人听不到我们的谈话，真是可怜啊！

（二十九）

思想抚慰一切、治愈一切。 如果有时思想让您感到痛苦，那就向它索要治愈痛苦的解药，它会给您的。

（三十）

不可否认，当代历史的确存有一些鲜明的特征，但人们不知道它们是如何形成的。 它们如同建在半楼中的女像柱①，显得格外突兀。

（三十一）

对于上流社会而言，兼具不失轻快的讥讽和不失鄙夷的宽容的哲学，便是最好的哲学。

（三十二）

一个人对荣誉心生厌倦，就好比会客厅的聒噪声令一个主人不堪其扰；对于此事，我已是见怪不怪。

（三十三）

我看见上流社会中的人汲汲营营，为了得到器重而放弃体面人士的尊严，为了获取名望而放弃安宁。

---

① 女像柱建筑（caryatid）是指雕塑中一种刻有女性形体而作为支撑上横梁的柱子，通常是穿长袍的优美人像。

（三十四）

　　根据多利拉（Dorilas）①的说法，有个证据可有力证明上帝的存在，那便是人的存在，用最不会引发歧义、最准确的话来说（当然，这其中的意思就略显狭隘了）。简而言之，那些品质出众的人的存在，是上苍的杰作，更准确地说，是直接诞自上苍手中的唯一作品。我们可以断言甚至确信，这世上确有一些人和上帝的宠儿完全相似。多利拉曾说："真的吗？怎么可能？相貌也一样？外形也一样？"结果是，曾遭多利拉否认的这些人（别人就是这么称他们的），其存在最后被震惊的多利拉亲眼看见，并得到他的众多同行的认可。仅仅出于这个原因，多利拉才在表面上不再否认他们的存在，只在无意中表现出些许困惑及情有可原的疑虑。但他仍反对这些人的存在，从其高高在上的姿势、无视社交礼仪的表现、纡尊降贵的客气态度中便可窥见一二。这些本身被错误定义的人的存在，到了多利拉笔下会是怎样的模样？他该如何解释这种存在？他要怎么做，才能让这个现象和他的理论相协调？他会在哪个体系中寻找这个问题的解决办法？科学、哲学、还是神学？多利拉冥想着，沉思着，诚心求索着……他的反对观点看似有理，可他已经动摇了。睿智博学如他，总会找到谜底的。最终他找到了，把它紧紧抓在手里，眼中闪着快乐光芒。我们知道，波斯教的教理提出两大本源，善之本源和恶之本源。什么？你不知道？这很简单。天赋、才能和美德都是恶之本源所造，出自阿赫里曼②和魔鬼之手，

---

① 多利拉（Dorilas），尚不确定此乃何许人，也许是尚福尔生杜撰的人。
② 波斯神话中的恶界魔王。

它们之所以存在于世，就是为了凸显某些穷人、众所周知的粗人、真正意义上的平民或那些勉强称得上绅士的人的存在，将其置于日光之下。

(三十五)

多少卓越的勇士、骁勇的将领还没来得及把名字留给后人就战死沙场。他们还不如布西发拉斯①，甚至那只叫巴雷西诺的西班牙獒犬来得幸运，那只狗在圣多明戈吞掉不少印第安人，它的军饷比三个士兵的加起来还要多呢！

(三十六)

我们衷心希望恶人能懒惰些，蠢人能安静些。

(三十七)

在上流社会，奸邪小人甚至蠢笨之徒常比磊落君子和博学之士更易混得风生水起。最好的解释是：小人或愚人可以不费气力就做到顺应时势或风向，一般来说，这些人只是无良或愚蠢罢了。君子或智者则不同，他们学不会早早地和上流社会打交道，以致错过发家致富的大好时机。有些人如同精通某个国家语言的商人，可以立刻卖掉手中商品并及时补货；有些人则得先学会他们的供货商和顾客的语言，然后才能展示商品、与人打交道。可他们往往不屑于习得这门语言，于是一单生意都做不成，最终空手而归。

───────────

① 亚历山大大帝的爱马。

（三十八）

有一种审慎比常言的审慎更加高级，前者是鹰的审慎，后者是鼹鼠的审慎。 鹰的审慎，是大胆坚持自己的特性，并勇敢接受此举引发的损失和弊端……

（三十九）

要想宽恕理性给大部分人带来的痛苦，须得考虑人没有理性会成怎样，然后，我们就会发现，这些痛苦何其必要。

（四十）

有些蠢话听来顺耳，就像有些蠢人穿得亮眼一样。

（四十一）

如果有人在亚伯死后第二天对亚当说，几个世纪后的好些地方，方圆四里地就聚有七八十万人，难道他会相信这群人永远生活在一起？ 难道他不会对那个犯下恐怖罪行的人产生更加可怕的想法？ 这番思考，足以让人对人口过度聚集引发的弊端感到释怀了。

（四十二）

奢念是悲伤的源头，人一旦抛去奢念，生活就变得快乐起来。一个女人在容颜渐老时，倘若心存奢念，即便她仍是美丽的，她也会变得要么可笑、要么不幸；十年后，等她又老又丑了，才能变得平静和坦然。 一个男人到了为能否赢得女人芳心而犯愁的年纪，就会陷入麻烦甚至遭遇羞辱，变得一无是处；等到万事明朗，他才能沉静下来。 总之，不幸源于游移不定的思想。 所以人最好少持奢念，认清自我，这是不容置疑的道理。 公爵与封臣的地位就远比那些满脑子只想着争权夺势的外国贵族的地位来得稳固。 如果夏普兰采纳了布瓦洛①在一首诗的停顿处提出的"为何不写散文诗"的著名建议，他能免受多少罪啊！ 也许他还能为自己赢得一点名声，而非如后来那般沦为笑柄。

（四十三）

塞涅卡有个儿子，一张嘴说话就夸夸其谈。 塞涅卡就对他说："你总想摆出一副比你实际上更能说会道的样子，难道你不为此羞愧吗？"这话也适用于那些表面一副很有原则的人：你总想摆出一副比你实际上更加明理的样子，难道你不为此羞愧吗？

（四十四）

世上大多数人活得糊里糊涂，缺乏思考，对眼前的世界一无所知。 B先生开玩笑说：他们不知世界，好似蜉蝣不知沧海。

（四十五）

培根早在16世纪初就指出人类应走哪条路来重建科学大厦。 圣

---

① 布瓦洛（Nicolas Boileau, 1636—1711），法国著名诗人、古典主义文艺理论家，他曾在《讽刺诗》中讽刺法国另一位诗人、沙龙文学的代表夏普兰（Jean Chapelain, 1595—1674）是蹩脚诗人，迫使后者承认自己没有诗才。

言在先，我们便对追随其后的那些伟人——诸如波义耳、洛克等人——几乎再无崇拜之心。因为培根已提前给他们指出有待探索和征服的领域，他就如同世界霸主恺撒，在法萨罗一战获胜后，便将王国与领地分给左右亲信。

（四十六）

理性有时同激情一样能给我们带来痛苦。我们可以说，处于此种情况下的人就如同病人一样，因为吃了医生开出的药而身中剧毒。

（四十七）

我们常为看破幻象、失去年轻的激情而倍感遗憾。但有时，我们又憎恨曾困住我们的那层幻象，化身阿尔米德，一举焚毁了曾令她心醉神迷的那座宫殿。①

（四十八）

无论医生还是普通人，谁都不比对方更了解病症和人体内部结构。他们全都是一群盲人，但医生就如三百医院②里的盲人，更熟悉大街小巷，更清楚症结所在。

---

① 阿尔米德公主是意大利诗人塔索（1544—1595）的长诗《解放了的耶路撒冷》中的一个主要角色，美丽、擅巫术，她用魔法在沙漠中建造了一座华丽宫殿，在十字军骑士雷诺拒绝与她长相厮守后，放火焚烧了宫殿。
② 三百医院（Hôpital des Quinze-Vingts），巴黎一座医院，建于1260年，最初专门收容走投无路的盲人。

(四十九)

您想知道如何发迹，不如去看看座无虚席的剧院正厅后排是何场景：后排站满了人，前面有人被挤到后面，后面就有人钻到前面来。正因这幅画面精确解释了其中的道理，大众干脆把它纳入自己的语言中，管发迹叫"挤出头"——我的儿子、我的侄子总会挤出头的。 而体面人士则委婉地将其称为"上进""进步""发达"，把言辞中粗暴鄙陋的附加色彩丢到一边，将其主要意思保存了下来。

(五十)

物质世界像是由一个强大善良的存在物所造，且这个存在物不得不把创作计划的一部分实施工作交给一个恶灵负责。 而精神世界则像是一个疯狂的恶魔心血来潮造出的产物。

(五十一)

有些人出声，只是为了替一个证据确凿的论断提供担保罢了，这就好比有人说："我以我的名誉向您保证，地球绕着太阳转。"

(五十二)

在大事上，人们表现出他们应该的样子；在小事上，人们则表现出他们本来的样子。

(五十三)

哲学家是怎样的人？ 他以自然对抗法律，以理性对抗实用，用他的意志对抗舆论，用他的判断对抗谬论。

（五十四）

愚人若在某一刻突然获得智慧，他会惊恐愤怒得如同拴在车上的马匹，扬蹄狂奔。

（五十五）

不被任何人操纵，追随自己的内心、原则和情感的那种人，我平生极少看到。

（五十六）

与其训斥别人身上某些与世不容的缺点，还不如矫正他们深受其苦的那些不足。

（五十七）

四分之三的疯狂都不过是愚蠢罢了。

（五十八）

舆论是上流社会的王后，因为愚蠢是傻子的王后。

（五十九）

人得学会干些本性使然的愚行。

（六十）

你若德不配位，就休怪旁人对你只恭不敬。

（六十一）

区分大小人物实在是毫无意义，因为他们谁都得相互说一句雅维尔磨坊广场①上的马车夫对交际花说的话："你们也好，我们也罢，我们谁都离不开谁。"

（六十二）

有人说天意是机遇的教名；而某些假仁假义的人会说，机遇是天意的绰号。

（六十三）

少有人敢坚定无畏地运用理性，并竭力将其用在大小诸事上。而现在，我们必须将理性运用于道德、政治、社会中的一切人事，如国王、大臣、权贵、哲学家、科学定理、艺术等对象上，否则我们只能甘居庸人之列。

（六十四）

有些人总想着抓尖要强，想方设法出尽风头。只要他们能站在招摇撞骗的高台上，一切都无所谓。舞台上、王座上也好，断头台

① 雅维尔磨坊广场（Moulin de Javelle），巴黎塞纳河畔的一个广场。18世纪，这里有许多可以跳舞的酒馆，还有众多咖啡馆。

上也罢，只要能博人眼球，他们都心向往之。

（六十五）

人聚集在一起就变得渺小了。他们如同弥尔顿笔下的魔鬼，要想进入万魔殿，就得先把自己变成侏儒。

（六十六）

由于害怕引来别人的目光和注意，人便削弱自己的个性；为了逃避被涂抹粉刷的危险，人便迫不及待地把自己变成庸才。

（六十七）

天灾人祸使得社会成为必要的存在，而社会反而加剧了自然的祸患。社会的弊病使得政府成为必要的存在，而政府反而加重了社会的缺陷。人类自然史不外如是。

（六十八）

小人物比大人物更容易受到野心的驱使，正如茅屋比宫殿更易受到烈火的吞噬。

（六十九）

一个人若经常独居，需要道德；若他与别人共处，则需要名誉。

（七十）

坦塔罗斯的神话几乎从来只被视作贪婪的象征，但它至少还象征了野心、对荣耀的向往以及几乎一切激情。①

（七十一）

自然同时创造了理性与激情，看到人被它的前一份礼物所折磨，自然似乎就想通过第二份馈赠来助人减缓痛苦。 人失去激情后，自然只给他屈指可数的时间存活，如此人便可以很快摆脱生活，不再被生活所迫，而屈服于理性之下。 这或许是自然对人的一种怜悯吧。

（七十二）

一切激情都是夸张的。 正因夸张，才称得上激情。

（七十三）

想平息内心激情的哲学家，就如同想熄灭火焰的化学家。

（七十四）

大自然的第一件礼物，就是理性的力量。 这股力量能让您超越自己的激情与弱点，让您掌控自己的优点、才华与品德。

———————

① 按照希腊神话，坦塔罗斯是宙斯的儿子，统治着吕狄亚的西皮罗斯。 由于他出身高贵，被众神尊为亲密的朋友，被准许与宙斯同桌用餐，不用回避众神的谈论。 但他的爱慕虚荣使他承受不了这种福祉，他开始想方设法触犯诸神的尊严，包括向凡人泄露神的秘密。 他的种种罪恶使他在地狱中受到三种永无休止的酷刑惩罚：站在一池深水中间，忍受着烈火般的干渴，但只要他弯下腰想喝水，池水立即从身旁流走；他饥饿难忍，在他身边就有结满果实的果树，但只要他踮起脚想摘取果实，就会有风把树枝吹向空中；他的头顶上还吊着一块大石头，随时会掉下来，将他压得粉碎。

(七十五)

为什么人会如此愚蠢，如此深受习俗或恐惧的主宰？ 总之，为什么人会如此蠢笨，死前立下遗嘱，将财产留给那些为他的死而欢笑的人，而非为他的死而哭泣的人？

(七十六)

大自然有意像对待疯子一样给智者制造幻象，以防他们因睿智而倍感不幸。

(七十七)

只需看看医院对病人采取的手段，我们就可以说：人们设立这些凄凉的救济所，不是为了照顾病人，而是为了让他们从快乐的人眼前消失，以免这些不幸儿惊扰了别人的欢乐。

(七十八)

在我们的时代，热爱自然的人反被栽上幻想家的罪名。

(七十九)

悲剧过于重视生命与死亡，这是一个巨大的道德缺陷。

(八十)

没有欢笑的日子，是最没希望的日子。

（八十一）

大多数疯狂都来自愚蠢。

（八十二）

违背自己的本意、良心和理性，就如同弄坏自己的胃。

（八十三）

秘密与存款遵循相同的原则。

（八十四）

才智并不常与品性挂钩，就如城堡图书馆不常与堡主挂钩一样。

（八十五）

诗人、演说家甚至一些哲学家说的那些和追求荣耀有关的话，在学校教给我们，勉励我们活出价值。 人们教导孩子，激励他们面对一块奶油小馅饼时更渴望得到"乖孩子"这句表扬。 对成人的教育也是如此，激励他们面对个人利益时更渴望得到来自同代人或后世的赞誉。

（八十六）

若想成为哲学家，就绝不可在了解人性的过程中一接触到糟糕部分就沮丧泄气。 若想洞察人性，就得战胜它所引发的不快，就如解剖学家若想在他那门科学中游刃有余，就得战胜自然、征服身体器官、克服他的厌恶感一样。

（八十七）

一旦开始了解自然的坏处，人就轻视死；一旦开始了解社会的坏处，人就轻视生。

（八十八）

人与钻石一样有自己的价值，通过其尺寸、纯度、完善度的测定值而得到一个固定标价。有些人超出标准规格，就成了无价之宝，但也因此难寻买主。

第二章
普世格言(续篇)

(八十九)

在法国，所有人看起来都颇具学识。 原因很简单。 那里一切事物都是矛盾的产物，人们再不经意，也能注意到其中的矛盾，并把彼此对立的两个事物放在一起形成对照。 因此，敢大胆做这种对照的人看起来就很有学识了。 他们的讲述，是在制造滑稽效果。 于是一个普通小说家就成了优秀的段子手，正如历史学家某天也会变成讽刺诗人一样。

(九十)

公众根本不相信某些品德和情感的纯洁性，他们一般只对某些粗鄙的思想产生共鸣。

(九十一)

论可鄙，任何单独的个人都比不过群体，但任何群体也都比不过公众。

(九十二)

在某些时代，公众意见是最恶意见的集大成者。

（九十三）

希望只是一个不断欺骗我们的骗子罢了。 于我而言，失去希望的时候，才是我的幸福开始之时。 我愿将但丁写在地狱大门的诗刻在天堂之门上：进来的人们，你们必须把一切希望抛开。①

（九十四）

一个贫穷却独立于他人的人只被生计所裹挟，可一个富有却不独立的人却被某个人甚至多个人所左右。

（九十五）

目标落空、满心绝望的野心家，总让我想起因亲吻一朵浮云而被缚在车轮上的伊克西翁。②

（九十六）

有才无德的人和德才兼备的人之间的区别，就如杀手和精通武艺的上层人之间的区别一样。

（九十七）

即便您看上去比别人缺点更少、痛脚更少，那又如何？ 一旦您

---

① 出自《神曲·地狱篇》第3篇第9行（此处采用田德望译文）。
② 色萨利国王伊克西翁妄图勾引天后赫拉，宙斯便幻化出一朵赫拉形状的云，与之交媾后生下了半人半马的怪物；伊克西翁在地狱中受到的惩罚是，他被绑在一个不停旋转的火轮上，急速旋转的火轮永远撕扯着他的躯体。

有个弱点被人知晓，您就能被击败。 除非您是没有后脚跟的阿喀琉斯，但这是不可能的。①

（九十八）

人活得就是这么可悲：他得在社会中寻找自然中种种坏处的慰藉品，又要在自然中寻找社会中种种坏处的安慰剂。 多少人试图消解自己的悲伤，在两者中却都没找到解药！

（九十九）

再有失公允、再荒唐可笑的利益诉求，无论它多么遭人冷眼和抨击，在一个由正直人士组成的仲裁机构中是多么站不住脚，都能成为打官司的理由——毕竟什么案子都有输赢的可能，谁都不能保证赞成票肯定比反对票多。 同理，任何意见与论断，不管多么荒谬，我们且将其视为某个议会不同派系之间的辩论内容，只要它得到了多数人的投票，那就赢了。

（一百）

一个众所周知的事实是：在我们这个时代，许多词都恢复了原意。 它们摒弃了经院式的、辩证式的、形而上学式的繁琐色彩，在物质、道德与政治层面返璞归真。 单从道德上看，"名誉"（honneur）这

①　阿喀琉斯出生后，他的母亲海洋女神忒提斯从命运女神处得知他将来会战死，便用天火烧去他凡人部分的躯体并用神膏恢复，在即将完成时被他父亲佩琉斯发现而中断（一说忒提斯握住阿喀琉斯的脚踝将他浸入冥河），所以脚踵便成了阿喀琉斯的致命死穴。

个词就包含了多少复杂玄奥的意思啊。 今天人们也察觉到其中的诸多麻烦。 为了恢复词语的单纯，防止它被滥用，人们便立下规定：从它的整个词义上看，"名誉"一词可用于任何一个从没受过法律制裁的人身上。 从前这个词模棱两可、引发争议，而现在它的意思再清楚不过了。 我们只需知道一个问题：这个人可曾锒铛入狱？ 且这个问题很简单，我们只要查看档案记录就行。 谁若从未锒铛入狱，他便是一个有名誉的人，便可大展宏图、追求仕途了，可进入议院、法兰西学院乃至最高法院了。 人们发觉，简洁精练的语言能省去多少口舌之争，能把生活交际变得多么方便简单啊！

（一百零一）

热衷荣耀是种美德，但也是种奇怪的美德。 它需要通过所有恶习得以实现，骄傲、野心、欲望、虚荣乃至贪婪都是它的刺激物。如果提图斯的左膀右臂是塞扬努斯、纳西塞斯和提格林努斯，那他还能成为提图斯吗？ ①

（一百零二）

荣耀与财富一样，常把一个正直的人置于痛苦之中；换言之，他在得到荣耀和财富之前，会被迫承受一些有违本性的事。 但坚守道德的人会拒不接受荣耀和财富，他们不求闻达、甘于清贫，有时甚至过得无名且潦倒。

---

① 塞扬努斯是提比略皇帝的宠臣，纳西塞斯是克劳狄乌斯皇帝的宠臣，提格林努斯是尼禄皇帝的近卫军长官，他们都是助纣为虐的佞臣；而提图斯则是罗马弗拉维王朝著名的明君。

（一百零三）

那些站在我们与敌人正中间的人，看上去却站得离敌人更近。这可用一个视觉效应来解释：水池中间的喷泉看起来不也离您更远、离对面更近么？

（一百零四）

舆论就是一个司法机关，正直人士从不会完全接受它的裁判，但也从不能否认它的裁判。

（一百零五）

空即是虚；所以你看，“空虚”一词可悲到何种地步，除了这个词本身，我们再找不到另一个更糟糕的词来形容它了。空虚自我指向自我。

（一百零六）

人们通常认为要飞黄腾达就得学会讨人喜，却不知招人烦更是成功的一大秘诀。赚钱如同赢取女人芳心，归根结底都是这个套路。

（一百零七）

大多数伟人脑中都有些幻想。人若完全没了幻想，无论他多么贤良方正、才识广博，都与伟人沾不上边了。这就好比一个技法娴熟、却对理想之美无丝毫渴求之心的艺术家，他和让理想之美现于世人面前的天才艺术家是挂不上钩的。

(一百零八)

有些人德行之美，在私下比在公众前更加光彩四射，嘈杂的背景反而有损其华彩。钻石越美，其托座就越该朴素。托座越是华美，就越难凸显钻石的光芒。

(一百零九)

人若不想成为骗子，就得远离戏台。因为一旦登了台，您就必须行骗，否则台下人会朝您扔石头。

(一百一十)

几乎什么恶习都拦不住恶人交朋结友，尤其是当恶习把恶人包装成大善人的时候。

(一百一十一)

有种傲慢和自负，只要没被人承认，就会自行消失；还有一种傲慢和自负，只要没被人觉察，就会效果全无。

(一百一十二)

人若能区分自尊和虚荣之间的各种不同，他对道德的研究就已算极其深刻了。前者是高尚、镇定、自矜、平静、不可动摇的，后者是卑贱、犹豫、游移、不安、左右摇摆的。一个使人高大，另一个使人膨胀。前者是无数美德的根源，后者是几乎所有恶习和缺点的起因。有一种自尊蕴含了上帝的一切戒律，有一种虚荣则藏纳了七宗重罪。

（一百一十三）

活着是一种疾病，我们每过十七个小时就需一次睡眠以缓解病痛。 可睡眠只能治标，唯有死亡能够治本。

（一百一十四）

自然似乎在为着自己的算盘而利用人类，且利用得不计手段，几乎与那些卸磨杀驴的暴君一样。

（一百一十五）

即便觉得生活艰辛，也得习惯两件事：光阴无情，世道不公。

（一百一十六）

我对智慧一向存有一个疑虑。《圣经》说智慧起源于上帝的忧虑，可我认为它起源于人类的忧虑。

（一百一十七）

有些错误可以防止恶习的蔓延，就好比三日疟能让病人在黑死病爆发时免遭恶疾传染一样。

（一百一十八）

激情引发的巨大不幸，并不在于它带来什么痛苦，而在于它让人犯下过失与恶行，导致人走向堕落。 若无这些弊端，激情倒能为冰冷、无法使人快乐的理性带来莫大的好处。 激情让人生活，而理智只让人生存。

（一百一十九）

不高尚的人谈不上善良，只是老实罢了。

（一百二十）

人应兼具对立的品质，既要追求美德，又要藐视舆论；既要热爱工作，又要漠视荣誉；既要在乎身体，又要看淡生命。

（一百二十一）

对于水肿病患者，治好他的焦渴比给他一大桶酒更重要。 这道理对富人同样适用。

（一百二十二）

坏人也偶有善举。 据说他们这么做，是想看看行善是否真如正直之人所言那般能给人带来快乐。

（一百二十三）

如果第欧根尼活在我们的时代，他的灯笼定然黯淡无光。①

（一百二十四）

必须承认，要在世上快乐地活着，就得把自己的一部分灵魂彻底

---

① 古希腊哲学家第欧根尼有一次大白天在雅典街上点着灯笼走来走去，像是在寻找什么。 有人问他在找什么？ 他回答说在找人。

麻痹掉。

（一百二十五）

金钱华服将生活包装成一场演出，身在其中，久而久之，哪怕最诚实的人也会不由自主地装腔作势起来。

（一百二十六）

若说事，所有事彼此纠缠成一个根结；若说人，所有人相互拼合出一套木器。 道德也好，物质也罢，一切都是混杂的。 没有什么单成一体，也没有什么纯粹不杂。

（一百二十七）

如果人至中年方才知晓社会中那些残酷的事实、可恶的真相和秘密，在人二十多岁时就被传授于他，那么他要么陷入绝望，要么走向堕落，且一切全都出于他自己的意愿。 然而我们也看到少数智者年纪轻轻就了解或洞察了这一切，可他们既不堕落也不自哀。 他们的德行在审慎之手的指引下穿过庸众的堕落之地；他们坚毅的品性与明亮的智慧相结合，使其摆脱了因目睹人类腐败而产生的悲愁。

（一百二十八）

您想知道上流社会让人堕落到何种程度？ 只需看看那些长久以来受其影响的人，也就是老人就够了。 您去看看那些老廷臣、老神父、老法官、老检察长、老医生，他们是什么样子。

（一百二十九）

毫无原则的人通常都是毫无个性的人；因为如果一个人生来就个性十足，他定会意识到自己得树立一些原则。

（一百三十）

我敢打包票，任何公众思想、约定俗成都是愚蠢的，因为它们适合大多数人。

（一百三十一）

尊重重于名气，敬意重于名望，名节重于名誉。

（一百三十二）

通常，人在虚荣的驱动下才能使出灵魂的全部力气。木头被安在削尖的铁器上，它就成了一支枪；后面再加上两根羽翎，它就成了一支箭。

（一百三十三）

软弱之人犹如邪恶大军里的轻骑兵。他们造成的祸害甚至比军队本身带来的灾祸还要大。他们无孔不入，四处劫掠。

（一百三十四）

比起被合理化，一些事情更容易被合法化。

（一百三十五）

名声的好处是，你会被你不认识的人所认识。

（一百三十六）

人会乐于赞颂他人的友情，哪怕自己对此人兴趣寥寥；可他却不会尊重他人的仇恨，哪怕这仇恨有着再正当不过的理由。

（一百三十七）

有些人因才华而为人惧怕，因德行而遭人憎恨，他只能靠坚定的意志挺下来。 可在无数岁月匆匆流逝之后，正义才会到来!

（一百三十八）

不管在自然法则还是社会秩序中，人都不应不自量力。

（一百三十九）

如果愚蠢不惧怕智慧，它便算不得彻底的愚蠢。 如果邪恶不憎恨美德，它便算不得十足的邪恶。

（一百四十）

人并非如卢梭继普鲁塔克之后说的那样，思考越多，感知越少。但有件事千真万确：人评判越多，爱就越少。 很少有人能成为这条规律的例外。

（一百四十一）

唯舆论马首是瞻的人如同喜剧演员，当公众品味低俗的时候，他瞎演一气就能博得掌声。 如果公众品味高雅起来，有些人倒也能拿出本事好好演戏。 可正直的人只会尽量演好自己的角色，毫不在意台下观众是何品味。

（一百四十二）

人若视金钱为粪土，便会尝到一种乐趣。 蔑视金钱就如同废黜国王，自有一番滋味。

（一百四十三）

对敌人的宽容看来更像是愚蠢，而非善良或大度。 C先生的类似行为，在我看来就格外可笑。 我觉得他就像个小丑，说："你打了我一耳光，算了！ 我根本不生气。"人必须有仇敌的精神才行。

（一百四十四）

鲁滨逊流落孤岛，与世隔绝，为了维持生计而不得不辛苦操劳，生活异常艰辛，可他仍坦承自己体会到许多快乐。 假设他漂流到一个快乐岛，岛上一切应有尽有，也许百无聊赖的日子反会让他觉得生活令人无法忍受。

（一百四十五）

人的想法如同纸牌或游戏。 有些一度被我认为太过危险大胆的思想，如今已变得寻常乃至普通，甚至走进了不配拥有这些思想的人的脑中。 而我们现在认为大胆的想法，也许在后代眼里不过是些寻常的软弱呻吟吧?！

（一百四十六）

我在阅读中通常注意到一件事：那些干出英勇壮举的人，那些表现出慷慨气节的人，那些以身犯险、拯救他人于水火中的人，那些或为公众、或为个人带来巨大福祉的人，他们事后的第一个举动就是拒绝别人给予自己奖赏。 这种想法在最贫穷、最底层的人那里比比皆是。 究竟是什么道德本能让没受过教育的他们习得一个道理：这些壮举的回报就存在于英雄心中？ 似乎接受了报酬，就被剥夺了壮举。

（一百四十七）

彰显美德的行为，牺牲利益或小我的举动，是出于高贵灵魂的必需、仁慈内心的自爱，从某种意义上来说，也是伟大品格的利己主义。

（一百四十八）

兄弟情深的情况实在少见，以至于寓言故事中只提到一对友爱的兄弟，且前提是他们从未见过彼此，只轮流出现在香榭丽舍大街，因此才避免了一切争端和决裂。

（一百四十九）

疯子多过智者，哪怕在智者身上，疯狂也多过了睿智。

（一百五十）

朴实警句于生活的指导意义，就如常规于艺术的意义一样。

（一百五十一）

信念是思想的良心。

（一百五十二）

我们快乐与否取决于一些隐而未显、我们对其缄口不言、也无从谈起的东西。

（一百五十三）

快感可来自幻象，幸福则来自事实。唯有事实才能给予我们人性可体会到的幸福。从幻象中获得快乐的人，快乐的财富是从投机活动中赚来的；从事实中获得快乐的人，其快乐的财富则是通过土地与妥善经营赚来的。

（一百五十四）

世上很少有什么东西，能为正直人士的灵魂与思想提供舒适的休憩。

（一百五十五）

每当人们坚称感情上粗枝大叶的人最快乐的时候，我就会想起一句印度谚语："安坐好过站立，平躺好过安坐，但死亡好过一切。"

（一百五十六）

圆滑之于狡猾，如同机敏之于欺诈。

（一百五十七）

固执代表个性，正如欲望代表爱情。

（一百五十八）

爱是愉悦的疯狂，野心是认真的愚蠢。

（一百五十九）

偏见、虚荣、算计主宰着世界；那些只将理性、真理与情感视为行动戒律的人，注定与社会格格不入。 他的一切幸福，都得在自己身上寻觅并找到。

（一百六十）

首先要有公正，然后才能有宽厚；这就好比首先要有衬衫，然后才能有衬衣花边。

（一百六十一）

荷兰人对欠债者毫无怜悯。 他们认为任何一个负债者，倘若他贫穷，便是靠其同胞养活；倘若他富有，便是靠其债务继承人养活。

（一百六十二）

财富常如富有却铺张浪费的女人，她们带着一大笔嫁妆嫁进夫家，最终却让人破了产。

（一百六十三）

更迭的时尚，其实就是穷人为打肿脸充胖子而捐的虚荣税。

（一百六十四）

于品格低下者而言，金钱是个有力的考验，但于品性高贵者而言，这只是最小的考验而已。蔑视金钱者与真正的正直人士之间，还有很大的差距。

（一百六十五）

节约的人最富有，贪婪的人最贫穷。

（一百六十六）

有时候，两个看似性格相似的人会暂时走近，携手同行。当事实慢慢浮出水面，他们惊讶于彼此之间竟如此不同，以至于最后分道扬镳。

（一百六十七）

许多伟人之所以铸造荣光，是因为他们毕生皆致力于和一些看似绝不应出现在人类身上的偏见和愚蠢作斗争。您不觉得此事很有意思吗？ 例如培尔①之所以赢得荣耀，是因为他指出了连一个观念淳朴的加蒂诺老农民听了都会耸耸肩膀的经院哲学钻牛角尖的观点是何其可笑。 洛克之所以赢得荣耀，是因为他证明了人不能只顾说话却不在意自己的话能否被人理解，更不能对别人说的话不懂装懂。 许多哲学家之所以誉满天下，是因为他们著书反对那些连加拿大土著都不屑一顾的迷信思想。 孟德斯鸠及其前人之所以赢得美名，是因为他们让人意识到是被统治者造就了统治者、而非统治者造就了被统治者这个事实（虽然他们的观点中依然留有一些可怜的偏见）。 即便那些坚信社会终将走向完善的哲学家最后梦想成真，后人看到他们要付出如此巨大的努力方才取得如此简单、理所应当的结果，他们又会怎么说呢？

（一百六十八）

一个睿智且正直的人得拥有与其良心相配的纯洁，以及能揣测及预见恶意的审慎。

（一百六十九）

有先见之明的人其实扮演着相当可悲的角色。 他劝诫朋友行事鲁莽将招致祸患，结果惹得友人不快，没人相信他的话。 可当不幸应验的时候，朋友或者会对他的预言心生怨恨，或者因为自尊心使然，对本可以充当其安慰者的那位先知朋友避而不见，觉得自己在他面前颜面尽失。

---

① 培尔（Pierre Bayle, 1647—1706），法国哲学家，启蒙运动的先驱，著名的《历史与批判辞典》的作者。

(一百七十)

有的人让自己的幸福太过依赖于理性，将其置于理性的检视之下，对享乐挑剔至极，只接受高雅的娱乐，导致最后什么快乐也没得到。 这种人就像那种太过在意床垫尺寸的人，将床垫一截再截，最后只有硬床板可以睡。

(一百七十一)

如空想家所说，时间能减弱绝对快乐的刺激度；可它似乎也能增加相对快乐的强度。 我想，这算是大自然使的一个小手段吧。 当那些能将生活变得极其可爱的快乐和事物消失后，大自然凭此将人类与生活再度系到一起。

(一百七十二)

当人被自己细腻的感受所折磨，被它弄得身心俱疲时，他会发现日子还是得一天天地过下去，人要忘记许多事，并在生命悄然流逝的过程中擦干它留下的痕迹。

(一百七十三)

虚伪的谦虚是所有谎言中最得体的一个。

(一百七十四)

有人说，人要力求每日削减自己的需求。 这条警句尤其适用于人对自尊心的需求：这种需求令人最难抵抗，也最需要被人战胜。

（一百七十五）

有个并不少见的现象是，有些懦夫只因为常与精神强大的人来往，便想要拔高自我品格。 这就好比蠢人觊觎智慧，给人一种好笑的不协调感。

（一百七十六）

美德犹如健康，并不是至高的善。 它是善的土壤，却非善本身。 邪恶能带来不幸，这却是个比美德能带来幸福更确切的事实。美德之所以令人向往，恰恰是因为它与邪恶水火不容。

第三章
论社交界、大人物、富人和上层人士

（一百七十七）

有人曾说人不能通过书本了解世界，但他没有言明其中的原因。其实道理如下：书本上的知识是作者从无数细微观察中得来的结果，可由于自尊使然，他无法和任何人——哪怕是他的至交好友——全部分享。人们害怕自己表现得像个在乎鸡毛蒜皮的人似的，殊不知零星琐事对干成大事至关重要。

（一百七十八）

翻阅路易十四时期的文献及回忆录，我们会发现：哪怕在当时那么糟糕的社交圈中，都有某些我们今天缺少的优点。

（一百七十九）

倘若社会没有理性来维系纽带，没有情感来投射关怀；倘若它不是有趣的想法、真诚的善意的交换场所，那社会会是什么样子？对于社会绝大多数成员来说，一个集市、一座赌场、一家旅店、一片树林、一块藏污纳垢之地和一些小房子，这些场所便轮番代表着社会。

（一百八十）

我们可以将上流社会的精神结构视作一座建筑，由不同的巢穴或大小各异的隔间组成。 不同的巢穴和隔间，有着不同的特权、权利及待遇。 它们始终存在，里面的人却是你走我来。 占据隔间的人要么太高，要么太矮，几乎没有人的体型恰好符合房间的尺寸。 这边这个大个子蜷缩着硬把身体塞进一个小巢里，那边那个侏儒待在高高的拱廊下；隔间和人尺寸相符，这是极少的事。 建筑外面游荡着一大群身材各异的人，所有人都等着某个房间空出来，好立刻钻进去，哪管房间是大是小。 每个人都在强调自己的权利，即他的出身或靠山，以便获得上流社会的认可。 有的人为了赢得优先权，还要显示自己和那个隔间是多么相称，就像器物和保护套一样相得益彰。 这种人一般都会引来一阵嘘声。 哪怕是竞争者，都不会拿尺寸不符这个理由来攻击对手。

（一百八十一）

过了热情似火的年纪，人就没法继续待在社交界了。 只有在拿吃喝来消遣时间、拿身体来打发时光的时候，人才觉得那是个待得下去的地方。

（一百八十二）

穿长袍的法官对法院和当前关注焦点的了解，就像刚拿到毕业证的学生在校外吃过一顿晚饭后对世界的了解一样。

（一百八十三）

俱乐部、沙龙、晚餐桌、公共集会和书籍——哪怕是教人认识社会的书——说的话，全都是虚假或片面的。 对此，我们可以拿一个意大利语词"per la predica"（"好为人师"）或一句拉丁语"ad populum phaleras"（"俗人眼里的漂亮玩意儿"）来概括。 一个正直人士历尽世事后在炉火边对友人说的话，才是发自肺腑、令人受益的真言。 我从这些对话中学得的道理，比我在所有书籍和社交中的收获还要多，因为它们更好地把我引上正轨，让我展开更深入的思考。

（一百八十四）

许多时候，我们灵魂会受到某个和外界物质截然不同的精神思想的影响，但只有在某个转瞬即逝的时间点，它的影响才会发挥最大效力。 请您晚上去林荫道上散散步：您会看见一座迷人的花园，花园尽头有一个会客厅，里面灯火辉煌，装饰高雅。 您隐隐看到成群的佳人和小树丛。 小树丛中有一条蜿蜒小道，您踏上小道，听到佳人的欢笑，她们身姿曼妙，让您觉得这是一群林泽仙女。 于是您问别人，那边那位女子是谁。 对方回答："那是女主人 B 夫人。"可惜，您恰巧认识她，其魅力便在一瞬间化为乌有。

（一百八十五）

您要是遇见布勒特伊男爵①，他铁定会跟您说自己多么富有、多

---

① 布勒特伊男爵（Baron de Breteuil， 1730—1807），法国贵族，路易十六的大臣。

么风流，最后再给您展示一帧王后小画像，画像还嵌在一朵镶满钻石的玫瑰中。

（一百八十六）

在我眼里，一个为勋章绶带沾沾自喜的傻子，还比不上一个让情妇把孔雀羽毛插在他屁股后面寻开心的人呢。至少后者还有开心可寻，而前者嘛……所以说，布勒特伊男爵远不如佩肖托。①

（一百八十七）

像布勒特伊这样的人，怀里揣着十几个镶着钻石的君主小画像，可他不过是个傻子罢了。

（一百八十八）

您总是立刻断言：这个傻子，这个蠢家伙。您说这话，是因为您凡事都太过激进了。蠢人归根结底做了什么？不过是把地位视为自身之物，把权势视为功勋，把声望视为美德罢了。可世人不都如此吗？这有什么可痛斥的呢？

（一百八十九）

蠢人离位后，不管他们先前担任的是部长还是高级官吏，都会保留一种可笑的傲慢自负。

---

① 佩肖托（Peioxoto），为黎塞留元帅效劳的一个葡萄牙银行家。

（一百九十）

说起见过的蠢材庸人，智者有成千上万个好故事可讲；我们也有许多与此有关的例子可说。 愚蠢是一种如君主制一样古老的恶疾，不可救药之致，实难用言语阐明。 我听说过上千个笑话，总结起来就是：如果猴子有鹦鹉学舌的本领，它都能当上部长呢！

（一百九十一）

没有什么比庸俗的陈见、广传的格言更难平息。 路易十五都破产三四次了，可人们照样买盖梅内①的单。

（一百九十二）

上流社会的人以为自己形成了一个圈子，可他们不过是聚在一起的一群人罢了。

（一百九十三）

我见过有些人昧着良心讨好那些头戴圆帽、身穿长袍的法官，您却更惊讶于有人用良心换一顶法官帽和一件长袍。 这两个行为固然都是无耻的，但前者比后者更加荒谬。

（一百九十四）

社会由两个阶级组成：一个阶级能吃的比想吃的多，另一个阶级

---

① 盖梅内（Charles de Rohan-Soubise de Guéménée， 1715—1787），法国元帅和内阁部长，是路易十五的心腹。

想吃的比能吃的多。

（一百九十五）

人们可以请别人吃一顿十路易甚至二十路易的大餐，却一个埃居都不愿给他，好让他好好消化这顿二十路易的饭。

（一百九十六）

玩笑或讽刺艺术有一条不错的规则：玩笑成功与否，取决于被开玩笑的那个人；如果后者生气了，这个玩笑就开错了。

（一百九十七）

一位先生说我十分不幸，因为我仍不习惯愚人的至高统辖。 此言很有道理，因为我环顾世界，发现愚人有一个巨大优势，那就是他总能找到同类，就像进了愚人堂中的卢尔迪神父一样：①

> *一切都令他愉快；甚至他刚一落脚，*
> *就有身处原先的修道院之感。*

（一百九十八）

有时我们看到奸邪小人为非作歹、位高权重之人巧取豪夺，便顿觉社会像一座强盗出没的森林；而强盗中最危险的人，毫无疑问便是那些预先埋伏在边上、好拦下行人的弓箭手。

———————

① 卢尔迪神父（Frère Lourdis）是伏尔泰讽刺诗《奥尔良贞女》中的人物。 诗中，这位修道士是圣丹尼斯的信使，负责往愚人庙通风报信。

（一百九十九）

上流人士和宫廷中人会赋予一切人事一种约定俗成的价值，可他们反而又上了其中的当。 这就像记账员在记账时偏要赋予数目某个变化或任意的值，算总账时又得使用实际或规定的值，然后惊讶地发现自己的账全算错了。

（二百）

有时候，上流社会似乎也会掂量自己有几斤几两。 我发现一件事：上流社会往往会尊重那些压根不把它放在眼里的人。 不过这些人通常是向它提出建议，而非摆出高高在上的姿态蔑视它；即便是蔑视，那也是真实、真诚、朴素的蔑视，不会矫揉造作，更不会狂妄自大。

（二百零一）

上流社会就是如此可鄙。 鄙视它的人能得到这个圈子里为数不多的正直人士的敬重，甚至在上流社会站稳脚跟。

（二百零二）

官场的友谊，如同狐狸的信义、饿狼的结盟。

（二百零三）

我建议那些想获得大人物青睐的人，和他们套近乎时最好摆张苦脸而非笑脸。 因为他们不想看到别人比自己更快乐。

（二百零四）

有个残酷又必须承认的事实是：在社交界，尤其是上流社会的社交界，一切都是套路、学问和算计，哪怕那些看似最单纯可亲的人也不例外。 我见过一些人，才接触时看似亲善优雅，实际上却集精明、狡猾、博学于一身。 我见过一些人心机深重，却戴着一张天真冒失的面具。 他们如同深谙风月者，却佯装天真无知，用套路把一切有套路痕迹的东西都抹消了。 这是一种令人讨厌却必不可少的本事。 通常，如果有谁让别人掌握了自己的弱点或把柄，哪怕对方是他的至交好友，那他就倒霉了！ 一些人向近友吐露秘密，可后者却给予他们的自尊心一记重伤，这种事我是见过的。 在当今的社交界（我说的一直都是上流社会），向别人推心置腹、尤其是向至交好友披露弱点，这是断然不可能的事。 可与此同时，您（在上流社会）还得摆出一副无懈可击的高雅模样，像优秀演员云集的剧团里的一个演员一样演技十足，以免遭到别人的轻鄙。

（二百零五）

有些人受了王公贵族稍稍一点优待，就对他爱戴至极。 这让我想起了小孩子，看了一场美妙的宗教仪式就想当牧师，看了一场阅兵礼就想当战士。

（二百零六）

宠臣和当权者有时喜欢接近有才能者，可他们又要求这些人以自我堕落为预先条件，结果导致那些稍有廉耻之心的人都离得他们远远的。 我认识一些人，他们本来可以轻易为宠臣权贵所用，可看到后者这种操纵手段，他们的愤怒实不亚于那些品德高尚者。 其中有个人跟我说："大人物想让我们为着某个虚幻的希望、而非实际的好处而走向堕落，企图靠一张彩票而非一笔奖金就把我们收买过来。"我知道一些无赖看似得到大人物的重赏，可事实上他们并没比上流社会中最正直的人从权贵身上获取更多的利益。

（二百零七）

正如神学家所说，如果我们没有取得宫廷的欢心，那我们无论为国家乃至宫廷做了多少实事，获得多少辉煌功勋，立下多少汗马功劳，这些都不过是光彩的原罪罢了。

（二百零八）

世人不知道，人得多么智慧才能永不会沦为笑柄。

（二百零九）

在我看来，任何一个在上流社会待久了的人都是冷漠无情的，几乎什么都无法在他心中激起涟漪，更准确地说，什么东西都只会把他变得更加冷酷。 充斥在上流社会中的，不过是一场冷漠、无聊而虚荣的表演罢了。

（二百一十）

当王孙贵族抛弃他们那套可笑的礼仪规矩时，他们从来不是为了某个才华横溢的人，而是为了某个女人或某个小丑。 当女人把自己打扮得花枝招展时，她们从不是为了某个正直的人，而是为了某一类家伙。总而言之，即便人们冲破观念的束缚，那也很少是为了上进，却往往是为了堕落。

（二百一十一）

有些举止上的过错，今天的人几乎再不会犯了，或者犯的频率大大降低。人们一个个都格外讲究言谈举止，在乎头脑多过在乎灵魂。连一个卑鄙小人，无论他多没脑子，都知道不能再采用某些从前管用的阿谀奉承的招数了。我见过一些寡廉鲜耻的人，他们有时都会在亲王大臣面前摆出不卑不亢、不肯折腰的姿态。这副模样迷惑住了不少涉世未深的年轻人，他们不知道，抑或是忘了一点：要评价一个人，就要把他的性格和原则结合起来。

（二百一十二）

看看那些社会常规惯例处心积虑地想把有才之人从施展才华、服务社会的位置上逐出，再想想对抗智者的蠢人联盟，我们仿佛看到了一群为了赶走主子而阴谋造反的仆人。

（二百一十三）

初入上流社会的年轻人会遇到哪些人呢？一些想保护他，宣称要照顾他、指导他、让他身显名扬的人。我还没说那些想排挤他、伤害他、毁掉他或欺骗他的人呢。如果他为人高尚，只肯接受自身道德的庇护，不凭任何外物或人物让自己显扬天下，只听从心中信念的指导，只接受脑中知识的保护，只听取胸中志气的声音，只根据自身处境来行事（且他比任何人都更清楚自己是何处境），定会有人说他与众不同、特立独行、桀骜不驯。 但哪怕他没有多少头脑、原则和崇高的品德，哪怕他不知道有人在保护他、照顾他，哪怕他成了被人操纵的工具，人们也会觉得这个年轻人讨人喜欢，而他就成了众人口中那个世上最好的孩子。

（二百一十四）

那个被称作上流社会的社交圈，不过是个为了蝇头小利你争我夺的角斗场罢了。 在永恒的争斗中，所有虚荣相互纠缠、相互冲撞，轮番上演被伤害、被羞辱的戏份。 昨日品尝失败苦果的人，今天又让先前的胜者付出代价。 倒不如离群索居，以免在这场可悲的对抗中把自己弄得一身是伤。 何苦呢？ 在这场争斗中，您这一刻的万众瞩目，不过是为了衬托下一刻的灰头土脸。 这就是人们所说的枉费心机、竹篮打水一场空。 人性真是可怜啊！

（二百一十五）

有一种对美德的极端冷漠，比邪恶更令人震惊和反感。 奴颜卑屈的民众口中的那些主子、大人、贵人，这些人大多数带有这种可憎的冷漠。 难道他们没有产生过某些模糊的想法，觉得有道德的人不是一件称手的阴谋工具？ 在一个离开阴谋、谎言和诡计就干不成任何事的国家，他们自然会忽视有德之人，觉得后者于己于人皆百无一用！

（二百一十六）

我们在上流社会能看到什么呢？ 到处都充斥着对某些荒谬成规

的一种幼稚却发自肺腑的尊敬，原因不过是愚蠢二字（例如愚人向王后致敬）；到处都充斥着迫不得已的谨小慎微，原因亦不过是愚蠢二字（例如有思想的人惧怕暴君）。

（二百一十七）

有产者出于一种可笑的虚荣心，把他们的女儿变成了滋养贵族土壤的肥料。

（二百一十八）

我们假设有二十个人，都是清一色的正直人士，他们都认识且尊敬一个以才华著称的人，例如多利拉。他们称赞他的才干和美德，所有人对此都毫无异议。这时有个人说："可惜他的财运不太好。""您这说的什么话？"另一个人反驳道，"他是因为节制，才没过挥金如土的日子。您知道吗，他有两万五千法郎的年金呢！""真的吗？""千真万确，我有证据。"这时，这位才华横溢的人出现了，看到自己在这个圈子里备受欢迎，再想想从前在某个更加尊贵的社交场所里别人对自己不冷不热的态度，前后一比较，不由得心生感慨。而在这个圈子里，他还是能找到一个对其态度始终如一的人。于是我们的哲学家说："二十个人中有这么一个，我已经很满意了。"

（二百一十九）

大多数宫廷人士过的是怎样的生活啊？！为了那么一点点可怜的利益，他们任由自己活在无聊、厌烦、堕落、奴役和痛苦中。为了生活，为了幸福，他们盼着自己的仇敌、对手、甚至他们口口声声说是自己朋友的人去死。可在眼巴巴期盼的过程中，他们的生命干枯萎靡了。他们等待某某先生、某某夫人的死讯，可对方还强撑着一口气，他们自己却一命呜呼。

（二百二十）

不管今天某些面相学家说的话是多么愚蠢，有件事很肯定：思想习惯能决定我们的某些外貌特征。许多阿谀奉承者都有眼疾，就如大多数裁缝都是八字脚一样。

（二百二十一）

我经常听别人、甚至某些智者说，巨富之人定然很有头脑。这话也许并不属实，更加确切的或是：人但凡有点智慧或机灵，财富是不会从他手上溜走的，哪怕这个人品性无比高洁——毕竟大家都知道，高洁的品性是横在财富面前的最大障碍。

（二百二十二）

蒙田在论权贵时说："既然我们不能变成权贵，那就靠诽谤大人物来发起报复吧。"他是在开玩笑，可许多时候，这句赤裸裸的、引来非议的玩笑话却为有钱的蠢材提供了武器。人们之所以讨厌地位不平等，通常是因为心胸狭隘；真正的智者或正直人士憎恶地位的不平等，是因为他们认为这种不平等犹如栅栏一样，阻隔了灵魂的彼此靠近。很少有卓尔不凡的人能抵抗某个身份尊贵的人在他身上激发情感；哪怕有些人拒绝了能为他带来甜蜜和慰藉的友谊，他本人其实也会为此倍感痛苦。这人不会借用蒙田的那句话，他只会说："我憎恨权贵，因为它使我远离了我爱，或者我本可以爱的人。"

（二百二十三）

谁敢说他的人际交情全是上得了台面的？ 谁没有一个来客，令他为自己的失陪而向朋友抱歉？ 哪个女人不曾因为某个意外造访的女客，而被迫向她的社交圈子作出解释？

（二百二十四）

您是某个宫廷人士、权贵人物的朋友吗？ 您想激发他产生凡人皆有的强烈情感吗？ 向他展现无微不至的关怀、温柔体贴的友谊，在他落难时雪中送炭，在他痛苦时百般抚慰，向他奉献出您的所有时间，甚至在必要时刻挽救他的生命或荣誉。 这仍远远不够。 不要把时间放在这些琐事上。 您想做得更多、更好，那就去查查他的家谱吧。

（二百二十五）

您觉得某个大臣或权贵有某个原则，您之所以这么认为，是因为您听他说过。 于是，您在某些事情上就不去求他，以免将他置于违背原则的境地。 可很快您就发现自己被骗了，从这个大臣的某些行为看，此人竟毫无原则可言，只有信口开河的癖好和习惯罢了。

（二百二十六）

许多阿谀奉承者只因乐于阿谀奉承就招来仇恨，他们并未从中获益。 他们就像蜥蜴一样想向上爬，最终毫无所获，白白丢了自己的尾巴。

（二百二十七）

有种人从来得不到别人的尊重：他们只会赚钱，且和流氓为伍。

（二百二十八）

行政机构（最高法院、法兰西学院、议会）已走向式微，只不过烂船还有三斤铁才没倒下罢了。 人们对其毫无办法，耻笑和屈辱伤不了它们分毫，就如子弹对野猪或鳄鱼毫无作用一样。

（二百二十九）

看到上流社会的种种行径，最愤世嫉俗的人也会笑出声来；若是赫拉克利特看了，更会笑死的。

（二百三十）

我认为，在具有同等智力知识的前提下，出身富贵的人对自然、人心和社会的认识，永远不能如穷人的认识那般深刻。 因为前者耽于享乐时，后者靠思考聊以自慰。

（二百三十一）

人们若看到亲王贵胄在言行举止中透出善良的一面，就会倾向于把他大部分过错和弱点归结到身边人头上。 人们会说："这位亲王有达米或阿拉蒙这种朋友，真是倒霉！"却不想想，要是达米或阿拉蒙是品格高尚的人，他们才不会成为这个亲王的朋友呢！

(二百三十二)

随着哲学的进步，愚蠢越加努力地构筑偏见的帝国。 您去看看政府有多支持贵族思想吧！ 这类思想甚至认为女性只有两种身份：淑女或处女，剩下的根本不算女人。 任何美德都无法抬高一个女性的身份，只有邪恶才能让她脱颖而出。

(二百三十三)

虽没有祖上靠山，但在一群生来就坐享财富名望的人中间，杀出重围，获取钱财，赢得声望，在远远落后对手的情况下，这已算是扳回一局了。 别人比您领先太多，这也是常有的事，那时就得丢弃"车"等部分棋子。 人可以放弃"车"，却决不能放弃"帅"。

(二百三十四)

那些负责教育王公贵族的人宣称自己虽然得自降身份、遵从对方的繁文缛节和礼仪规矩，但依然为他们提供了良好的教育。 他们就像数学老师，想培养伟大数学家，却连学生"三加三等于八"的错误计算都不管。

(二百三十五)

谁是环境中最格格不入的人？ 是一个身在北京或莫斯科的法国人？ 还是一个身在塞内加尔的拉普兰人？ 抑或是在一群要么有钱、要么有贵族头衔、或者干脆两者皆有的人群中的那个一穷二白、非贵族出身的人？ 一个有一套默许的潜规则、只肯把权利赋予百分之一社会成员的社会，居然能续存至今，这难道不是一大奇迹吗？

（二百三十六）

上流社会和社交界犹如一个图书馆，乍看井井有条，实际一片混乱，因为里面的书并非按照学科、题材、作者等次序，而是按尺寸厚度来排放的。

（二百三十七）

在一个国家，人若惯于靠恶习来博人喜爱，有时甚至因为沦为笑柄而成为众人争相结交的对象；那么，结识要人乃至显赫人士就不算什么本事了。

（二百三十八）

有些人不招人喜欢，但他并不妨碍别人招人喜欢，跟这种人交往尚可接受。 还有一些人不仅不招人喜欢，只要他一出现，就会妨碍别人发挥魅力，这种人就令人讨厌了。 这也是学究气的一大弊病。

（二百三十九）

经验能启迪一些人，也能腐蚀贵族和当权者。

（二百四十）

今天的公众就如一幕当代悲剧，荒谬、平庸而又乌烟瘴气。

(二百四十一)

廷臣是一个大有学问的职业，每个人都在力求提升自己的相关学识。

(二百四十二)

大多数社会关系、交情和友情的区别，就如同调情和爱情的区别一样。

(二百四十三)

在交际界，好口才的要诀是懂得说题外话。

(二百四十四)

在宫廷，不管是世家贵族、礼拜神甫、地区医生还是药剂师，所有人都是马屁精。

(二百四十五)

刑事长官、民事长官、警察总监等负责监督公众秩序的官员，几乎都对社会有着极坏的印象。他们自以为了解人心，可他们只了解社会渣滓罢了。要评价一座城市，不能只盯着它的下水道；要评价一座建筑，不能只看它的茅厕。大部分这类官员让我想起学校里的纠错者，专门守在厕所边上的小屋子里，只在抽人鞭子的时候才会出来。

（二百四十六）

若说什么能对人和社会的弊病发起抨击，那便是笑话了。 通过笑话，人能避免惹祸上身；通过笑话，人只需动动嘴皮子就能指点万物。 笑话表明了我们在被我们嘲笑的人事面前的优越性，而且被嘲笑者还不会生气——除非我们的笑话不好笑，或者有伤风化。 一个地位低下的人只要能得心应手地运用笑话这个武器，他就能在社交界或上层圈子中斩获名气，好比军人通过高超的剑术博得世人敬重一样。 我曾听一个智者说："如果笑话的威力被剥夺殆尽，我明天就离开社交圈。"笑话就如一场不流血的决斗，能让人变得更加审慎、更有礼貌。

（二百四十七）

"某某先生很讨人喜欢"，这是一句再普通不过的赞扬。 倘若您不多想想，一定料不到人们为了博得这句赞扬而承受了多少苦恼。 也不知为何，有时候，当漫不经心、意志薄弱、毫无理智这些缺点和智慧产生关联时，反成了受人欢迎的特质。 那些任人揉捏、只顾眼前的人，就比那些目光长远、品格出众、原则坚定、不忘生病或缺席的朋友而愿牺牲部分快乐来帮助他们的人更受欢迎。 若论讨人喜欢的缺点、过错和不足，我们可以列出一份长长的清单。 上流社会中那些天天想着如何博人欢心的人，身上有着这份清单上的大部分缺点，这是一般人、甚至他们自己都想不到的。 所以他们很有必要博得这句称赞："某某先生很讨人喜欢。"

（二百四十八）

对于一个出身优越的年轻人来说，许多事情是不可想象的。 人在二十岁的时候，怎会提防一个戴着红绶带的警察密探呢？

（二百四十九）

法国有着世上最荒谬的习俗、最可笑的礼节，并且它们还被这句话罩着："惯例如此。"当欧洲人问霍屯都①人为什么吃蝗虫、为什么把从身上捉到的虱子塞进嘴里时，后者也是这么回答的："惯例如此。"

（二百五十）

再荒谬、再不公平、再为正直人士所不齿的利益要求，都能成为打官司的由头，甚至被判为合法——毕竟任何案子都有输赢的可能。同理，在行政机构中，再荒谬、再愚蠢的意见都会被采纳，而最明智的提议却被嗤之以鼻。 我们可以将这种事视为党派之争，哪一派占据了议会中的大多数议席，其提案通过投票便是再简单不过的事。

（二百五十一）

一个自命不凡的人失了自负，那是什么模样？ 您把蝴蝶的翅膀剪掉看看，它不就是一只毛虫嘛。

（二百五十二）

阿谀奉承者就是一群靠讨饭致富的穷人。

_____

① 霍屯都人是非洲西南部的一个部落。

（二百五十三）

用简单的话来归结名望的精准价值，这是十分简单的事。 一个人若因才华或美德为人所知，他会收到某些正直人士淡淡的善意，也会招致所有奸邪小人浓浓的恶意。 您清点一下善恶两边的人马，权衡一下双方的实力吧!

（二百五十四）

很少有人喜欢哲学家。 因为他几乎不是一个人，而是一个公敌，在看破众人的浮夸、事物的假象后，对每个人、每件事说:"我只从你本来的样子来看待你，只以你本来的价值来评判你。"他掷地有声地说出这番话，就很难再博得众人的喜欢和尊重了。

（二百五十五）

当我们被社会中普遍的罪恶、被首都或大城市呈现的惨事所震惊时，我们得告诉自己:"被一连串阴谋诡计催生出的灾难那才叫大呢! 它让两千五百万人屈从于一个人的统治，让七十万人活在两古里①见方的空间中。"

（二百五十六）

太过高洁的品格会把人变得和社会格格不入。 毕竟大家去市场时怀里揣的不是金条，而是纸币或零钱。

---

① 古里，法国古代长度单位，一古里约合四公里。

（二百五十七）

交际圈、俱乐部、沙龙这些所谓的上流社会，其实只是上演着一出蹩脚的表演、一场糟糕的歌剧罢了，里面毫无乐趣可言，全靠舞台机关和布景强撑。

（二百五十八）

若要对事物形成正确看法，那就要听上流社会的评语，取其反面意思。例如厌世孤僻，实际是指博爱众生；糟糕的法国人，实际是指揭发了某些畸形流弊的好公民；哲学家，实际是指知道"二加二等于四"的普通人，等等。

（二百五十九）

在今天这个时代，有的画家能在七分钟之内给您画好一幅肖像，有的画家能在三天之内教会您画画，还有人能在四十节课的时间里教会您英语。有人把各种事物画出来，在下面用八门语言标出它们的名字，就能用版画教您学会八门语言。更可怕的是，人若能把一生所有的快乐、情感和观点浓缩在二十四小时的时长中，他肯定会这么做；他将其调成药丸，让您将它吞下，然后对您说："行了，走吧。"

（二百六十）

别把布鲁图斯看做一个绝对道德的人。他之所以道德，不过因为反对纳西塞斯罢了。塞涅卡和布鲁图斯之所以正义，是因为他们生在毫无正义可言的时代。

（二百六十一）

想在上流社会左右逢源，就得有在自己了如指掌的事情上听取无知者教训的决心。

（二百六十二）

我们若只了解某个人的一半，那就不算了解他；我们若只知道某件事四分之三的内情，那就完全不算知情。 抱着这两个想法，我们对上流社会的几乎所有言论便心中有数了。

（二百六十三）

在一个所有人都好出风头的国家中，许多人大概会相信——实际上也的确相信——破产也好过籍籍无名。

（二百六十四）

感冒威胁之于医生，就如同炼狱之于牧师，那可是一大笔财富。

（二百六十五）

对话就如水路旅行，我们毫无察觉地离开陆地，船行了很远以后才惊觉已经离岸。

（二百六十六）

智者在富翁面前宣称，人拿着两千埃居的年薪也能过得快乐。富翁听了怒火中烧，尖刻地进行反驳。 离开富翁家后，智者便开始思考，为何本来态度友善的富翁后来变得如此尖刻。最后他找到了答案：因为他让富翁模糊意识到他并不是他们的附庸品。任何一个没有太多生活需求的人，似乎随时都可以逃脱富人的掌控，这让他们辗转不安。这些暴君因此意识到，他要失去一个奴隶了。这则思考适用于所有普遍意义的激情上。一个男人若不再为情所困，在女人面前，就会呈现出一副令人不快的冷漠样，女人也因此迅速失去对他的兴趣。没人关心哲学家有多少家产，或许也是因为相同的原因：他所有的激情都拿去撼动社会了。当人们发现，自己无论做什么事，都与哲学家的幸福毫无关系，便把他丢开不管。

（二百六十七）

一个被拴在大人物身边的哲学家（如果大人物需要身边有个哲学家的话），他若表现出无私的态度，会是件危险的事，因为这会给人口实。他必须隐藏自己的真实情感，换言之，必须装出野心勃勃的样子。

第四章

论对归隐的追求与品性的崇高

（二百六十八）

上流社会之于哲学家，就如城市之于鞑靼人，只是一座囚牢罢了。 这个小圈子把思想死死箍住，挖空心思要让灵魂和智慧失去广度和深度。 在上流社会，身份尊贵的人住在更大更豪华的监狱里，地位卑贱的小人物只有一间单人牢房。 完全没有上流身份的人才是自由民，只要他自己过得快活，或者根本不需要与人来往就行了。

（二百六十九）

一个极其谦逊的人若进入上流社会，如果他原是个穷人，就必定会显出一副非常自信、游刃有余的样子，以防吃亏。 在这种情况下，他得在谦虚上装饰点骄傲才行。

（二百七十）

软弱的性格也好，空空如也的大脑也罢，总之任何这类妨碍我们和自己自处的东西，都是极好的厌世预防药。

（二百七十一）

人独处时比在上流社会中更觉快乐。 这恰是因为我们在独处时可以思考事物，在上流社会中却不得不揣测人心，难道不是吗?

(二百七十二)

一个离群索居、通情达理的人，哪怕他资质平庸，也没什么要紧，只要他的观点对于上流社会中所说的、所做的派不上用场就行了。

(二百七十三)

一个人若坚持理性、正直、高洁的品格，不肯屈从于社会中任何或荒谬或虚伪的成规，哪怕身在他人屋檐下也绝不低头，他最后必然会孤苦无依，身边唯有一个虚幻的朋友相伴，那就是美德，但这个朋友只能眼睁睁地看着他饿死。

(二百七十四)

不要只知道和欣赏您的人相处，虽然这是出自我们极其敏感，又极难被满足的自尊心的需要。 在最寻常生活中，我们只能和可以察觉到我们得到了什么的人相处。 对于这种自尊心，连哲学家都不会多做苛责。

(二百七十五)

人们有时会提到某个独来独往的人，说他"不喜社交"。 这就好比我们说某个人不喜散步，给出的理由是：他不喜欢晚上在邦迪森林散步。①

———————

① 邦迪森林位于巴黎市郊，过去是一个臭名昭著的地方，经常有强盗出没。

（二百七十六）

一个通达明理、品德完美的人，一定能跟另一个人一起生活吗？
我活了一辈子，从没听说谁跟谁在一起从没吵过架的事；我听到的，
都是相亲相爱、愉快共处这种事。

（二百七十七）

一个智者若没有坚毅的品格，就容易迷失方向。 我们有第欧根
尼的灯笼后，还得有他的棍棒。

（二百七十八）

正直、自傲而又机敏的人最易树敌，因为他随时都会一语道破人
和事本来的面目，毫不理会其伪装的样子。

（二百七十九）

上流社会把大部分人都变得铁石心肠。 即便有些不那么冷漠的
人，也不得不装出一副冷淡样子，以防被男男女女愚弄。 一个正直
人士在进入社交界的前几天，通常会感到难受和悲哀。 社交界只有
一个好处：让人发觉归隐是多么的美好。

（二百八十）

公众的思想中从来都少不了粗鄙卑劣的成分。 由于传到公众耳
中的几乎都是些丑闻或下三滥的事，他们就把自己听来的所有事情和
言论赋予了粗俗色彩。 他们看得到贵族和才子、高官和普通人之间

仍存有一条无比高尚的纽带？ 不，他们只认为前者是保护人和食客的关系，后者是诡计和密探的结合。 通常，某个发生在贵族圈或名利场中的高尚行为，在他们看来不过是一个机灵鬼从一个笨蛋那里骗取钱财罢了。 有时，当一个正经女子和某位光明磊落、值得爱慕的男人的感情被公之于众后，在他们眼里就成了一件淫荡放纵之事。我们从这些观察中得出结论：一个正人君子最好远离公众。

（二百八十一）

自然界从未告诉我："别当穷人。"它更不曾跟我说："要当富人。"但它在向我高呼："要独立。"

（二百八十二）

哲学家充当了向世人揭示其真实价值的角色，他的判断方式为人不喜，这是显而易见的事。

（二百八十三）

上流社会、财富，甚至荣耀的追求者，所有人都给自己划了一条笔直大道，却不知何为尽头。 追求自我的智者却在脚下画了一个圆圈，走到尽头总会和自我重逢。 这就是贺拉斯所说的"totus teres atque rotundus"（"万圆皆自合"）。

（二百八十四）

卢梭追求归隐，此事并不让人震惊。 他那种人就如苍鹰一样离群索居。 游目骋怀、展翅高飞，这正是孤独的魅力所在。

（二百八十五）

没有个性的人不能算做人，只能算做物。

（二百八十六）

人们觉得美狄亚的自我是崇高的，但一切人生意外中不能用崇高来形容的自我，都是渺小甚至微不足道的。

（二百八十七）

如果我们没有深刻了解一个人，那就完全不算了解他。 但少有人值得我们细细研究。 即便有个别值得研究的人，又对扬名这种事毫无兴趣。 他知道欣赏自己的人很少，而在这群极少的人中，每个人又有自己的关系交情，关注的重心和自尊心，未必能给予他应有的关注。 至于旁人为揣测他而说的那套陈词滥调的奉承话，更不可能冲昏他的头脑。

（二百八十八）

一个人若因自身的品格而平步青云，人们就会揣测他在每个关乎操守的情况下会有何表现。 除了恶棍，连那些多少有点正气的人都会处心积虑地诋毁他、疏远他。 甚至于有些正直人士都被说服，哪怕他们在需要援手时、通过其道义之举了解到他的为人，他们依然对其视而不见，仅仅为了验证自己对他的质疑。

（二百八十九）

几乎所有人都是奴隶。 斯巴达由于不知道发"不"这个词的发音，就成了波斯人的奴隶。学会说"不"，学会独自生活，这是维护自由、保持个性仅有的两种方法。

（二百九十）

如果您决定只和那些能和您探讨伦理、道德、理性、真理等话题，认为习俗、虚浮、礼仪纯粹是无聊的社交支架的人来往，我的意思是，如果您作出这种决定（而且您这么做，必然会被人视作傻子、懦夫或小人），那您就只能独来独往了。

（二百九十一）

任何一个思想高洁的人都有权依照他的个性，而非他的地位，来获得合理的对待。

第五章
道德之思

(二百九十二)

哲学家认为其他一切道德皆诞自以下四大美德：正义、节制、坚韧（勇敢）与审慎。我们可以说，正义和节制也囊括在最后这个美德中；在某种程度上，这个美德能够拯救一个缺少韧劲的人，必要时能极大填补韧劲的空白。

(二百九十三)

和某些在物质或形而上学上有自己一套理论的哲学家一样，道学家太过泛泛而谈，写了太多的警句格言。例如，塔西佗说过这话："Neque mulier， amissa pudicitia， alia abnuerit。"（"女人一旦没了廉耻，就再不管其他什么美德了"）可世上还有那么多软弱却不乏其他美德的女人呢，这话有什么意义呢？我认识一位 L 夫人，年轻时过着和曼侬·莱斯戈差不多的生活，到了成熟年龄后，在感情上忠贞得堪比爱洛伊丝。①不过这些例子背后的道德太过危险，不能被放进书

---

① 曼侬·莱斯戈是普莱沃小说《曼侬·莱斯戈》中的女主角，贪图享乐、举止轻浮；爱洛伊丝与阿尔伯特是中世纪一对著名恋人，她后来成为一位女修道院长，以虔诚精神和广博学识赢得世人尊敬。

中；我们看看即可，以防被道学家的骗术愚弄。

（二百九十四）

上流社会中所有与高雅不容的东西，其粗鄙的一面皆已被涤荡干净。 这也算是近十年来的一大改革吧。

（二百九十五）

生病时的灵魂跟肉体完全一样，它也会倍感痛苦、辗转反侧，然后稍得平缓。 直到安抚灵魂最必须的想法或念头冒出来，灵魂才终于重获安宁。

（二百九十六）

有些人痴迷钟爱之物的幻象，视其如命根子。 有时他们隐约发觉自己接近了真相，于是迅速逃开。 他们就像小孩子一样追着一张面具跑，等面具回过头来时又被吓跑。

（二百九十七）

我们对大多数善人的感情，就像对牙医的感激一样。 我们告诉自己，牙医是为了我们好，能解除我们的痛苦；可一想到拔牙的疼痛，对牙医就喜欢不起来了。

（二百九十八）

一个周全的善人要想到，他得向行善对象隐瞒善行中的一些世俗想法。 换言之，这种想法应化为乌有，或被封存于行善的好意中。

这就好比一对恋人，拥有共享欢乐的想法，这想法被隐藏在诞生了它的爱情魔力中，并因此越显高贵。

（二百九十九）

任何于心灵而言低廉无比的善行都是令人憎恶的。它就是骸骨，就是死尸，应该被装进遗骸盒或任人踩踏。

（三百）

大部分行善者宣称自己行善却不想留名，可他们就如维吉尔笔下逃走的伽拉忒亚一样："指望我一眼把她认出"（Et se cupit ante videri）。①

（三百零一）

常言说，人因善而被爱。这是自然的善。爱是行善的回报，这非常公平。

（三百零二）

诽谤之词就如烦人的黄蜂，人在确定能将其一掌拍死之前不可轻举妄动，否则它就会卷土重来，越加猖狂。

（三百零三）

人到了一定年纪，会交些新朋友以取代已经离开的人的位置。可新友于旧友，就如玻璃眼珠于真眼、假牙于真牙、木腿于有血有肉

---

① 维吉尔在《牧歌》（III 64—65）中描绘伽拉忒亚通过佯装逃跑而上演一出欲擒故纵的把戏。

的真腿一样。

（三百零四）

在出身优渥的孩子的稚气中，我们有时能发现一门可爱的哲学。

（三百零五）

大部分友谊都充斥着"如果"和"但是"，最终沦为点头之交，仅靠"含沙射影"得以维系。

（三百零六）

古代道德与今天道德之间的关系，和雅典税务官阿里斯提德斯（Aristide）与修道院长伊雷（Terray）之间的关系并无二致。①

（三百零七）

人性本恶，但这个恶在社会中会变得更恶。 每人都有如下几个缺点：1.人性的缺点；2.个人的缺点；3.他所处社会阶级的缺点。 随着时间的推移，这些缺点变得越发严重。 随着年龄的增长，每个人既被别人的缺点伤害，也被自己的缺点折磨。 对于人性或社会，他只能对其中一个心生鄙夷。

（三百零八）

幸福就如钟表，越不复杂的就越不易走错。 最麻烦的是打簧

---

① 雅典政治家阿里斯提德以公正著称，泰雷神父是路易十五统治末年的财政总监。

表：如果调成分钟报时，它很容易走得忽快忽慢；如果调成星期或月份报时，它又很容易出故障。

（三百零九）

人的一切，欢乐也好，忧愁也罢，都是空幻的。可金色或蓝色的肥皂泡，总好过黑色或灰色。

（三百一十）

那些打着友情的幌子掩饰专横、保护乃至善意的人，总让我想起某个在圣体饼中下毒的居心叵测的牧师。

（三百一十一）

几乎所有行善者都说过撒旦的一句话：Si cadens adoraveris me（我若停手，你自会来求我）。

（三百一十二）

贫穷让犯罪折价。

（三百一十三）

禁欲主义者就是一群被启者，把某种诗意的狂热与热忱带进道德中。

（三百一十四）

如果一个没有头脑的人能感觉到别人思想的高雅、精妙、广博以及其他优点，并能将其展现出来，哪怕这些东西本不是他的，他在社交界依然会大受欢迎。 同样的假设和结论也适用于灵魂的优点。

（三百一十五）

见证或体验了爱情、友谊的巨大伤痛后（例如挚爱之人离世，或者突发意外），人们会觉得放荡和轻浮不算多大的蠢事，生命的意义就只剩下上流社会的那些事了。

（三百一十六）

在一些热烈的友情中，人们既能感受到激情的快乐，又能体会友谊契约之上的理性的认可。

（三百一十七）

太极端、太敏感的友谊，连玫瑰花瓣上的褶皱都能伤到它。

（三百一十八）

宽厚只是高贵灵魂的怜悯之情罢了。

（三百一十九）

快乐，并让别人快乐，不伤人伤己，这便是我认为的全部道德之所在。

（三百二十）

在那些有原则的真正的正直人士看来，上帝的训诫已被浓缩在德廉美修道院①正门的那句话中："想做什么便做什么。"

（三百二十一）

教育应以道德和审慎为两大基础：道德是德善的根基，而审慎能助您抵挡别人的恶意。 过于偏重道德，您只能成为受骗者或殉道者；过于偏重审慎，您会变成自私的算计者。 待己公平，待人公道，这是每个社会的原则。 人若要像爱自己一样爱邻人，至少先得像邻人一样正确地爱自己。

（三百二十二）

某些人灵魂与思想的全部优点，只有在完整的友谊中才得以展现。 在寻常交际场合中，他们只能表现出某些讨人喜欢的特质。 这就好比一枚甜美的果子，没能在阳光下长熟，只在温室里长出几片可爱却无用的叶子。

（三百二十三）

年轻时的我渴盼激情，被上流社会的欢愉吸引，在社交界和声色犬马中追求零星消遣，以逃避巨大痛苦。 那时有人向我宣扬隐退的生活、工作的趣味，我听了那套说词，只觉腻烦。 到了四十岁，我激情退却，对社交界再难忍受，只看到其中的可悲与无聊，且我不再需要借上流社会来逃避那些已不复存在的痛苦了。 于是我对退隐与工作产生了强烈的兴趣，无暇顾及其他，再不出入上流社会。 这时人们又不

① 16世纪著名作家拉伯雷在《巨人传》中构想的理想社会。

停地纠缠我，劝我回去。 我还被扣上了厌世者之类的帽子。 我们从这种奇怪的反差中能得出什么结论呢？ 人对什么都总想责备两句。

（三百二十四）

我只研究我喜欢的东西，只思考我感兴趣的想法。 这些东西对我或别人来说或许有用，或许没用。 假以时日，它们也许会让我有所获利，也许不会。 但无论如何，我没有违背本心，遵从了自己的想法和性格，这便是莫大的好处了。

（三百二十五）

我扼杀了自己的激情，就像一个残暴的人因无法驯服一匹马而将其杀死。

（三百二十六）

早年的伤悲成了我的铠甲，使我不被后来的忧愁击垮。

（三百二十七）

我对拉博德①先生存有一份正直人士路过朋友坟墓时方能体会的情感。

（三百二十八）

我固然对一些物心怀怜悯，也许对一些人也存有同情，但我只会

---

① 拉博德（Jean-Joseph de Laborde， 1724—1794），法国政治家，他与尚福尔曾有过合作，在法国大革命期间被处死。

表达对物的恻隐之心，对我所同情的人则缄口不语。 我之所以对此避而不谈，是为了避免与那些让我背上重负的人生活在一起。

（三百二十九）

财富在降临到我身边之前，得先通过我的品格提出的条件。

（三百三十）

当我的内心渴盼温情时，便想起已经离去的朋友，被死亡从我身边带走的妻子；我住在他们的棺椁里，我的灵魂游荡在他们中间。唉！ 我拥有三座坟墓。

（三百三十一）

每当我做了好事且被人知道，我就有种被惩罚、而非被奖励的感觉。

（三百三十二）

退出上流社会、放弃财富之后，我寻到了幸福、平静、健康甚至富足。 尽管俗话不是这么说的，我却发现早离牌桌的人才是赢家。

（三百三十三）

名气是对美德的处分，是对才华的惩罚。 无论我有多大的名气，我都觉得它像个告密者似的，专为打扰我的安宁而生。 我毁了自己的名气，体会到一种战胜敌人的喜悦。 我的情感战胜了我的自尊；当我一举摧毁旁人对我的兴趣后，矫揉造作的虚荣心随即烟消云散。

（三百三十四）

温暖真挚的友谊不能掺杂半点别的情感。 在向某位先生提供只有我能给予的帮助之前，我将我们之间完美的友谊视作莫大的幸福。可如果他之前为我所做的一切有了为获得帮助而刻意为之的嫌疑，如果我不能排除他有所目的地接近我的可能，那我人生的幸福就永远被毒害了。

（三百三十五）

我的整个人生都由与我的理念明显相悖的诸多矛盾交织而成。我一点都不喜欢王公贵族，却与某王妃和亲王交往甚密。 我因为一些宣传共和制的警句而为人所知，但我的许多朋友都佩戴君主制的勋章。 我甘愿过穷日子，却与富人们生活在一起。 我对高官显爵避之不及，官帽却自己找上了我。 文学是我唯一的慰藉，可我毫无文采，也没有进法兰西学院。 此外，我认为于人而言幻想是必不可少之物，我却不抱任何幻想地活着；我认为激情比理性更重要，我却完全不知激情为何物。 此类矛盾，不可胜数。

（三百三十六）

我已不记得毕生所学，仅记得的一点也全靠猜测。

（三百三十七）

人有一大不幸，即他的优点有时对他毫无用处。 如何利用、操纵这些优点，是一门靠经验才迟迟学成的学问。

（三百三十八）

犹豫和焦虑之于思想和灵魂，犹如刑训之于肉体。

（三百三十九）

看破幻象的正直人士是人中龙凤。 即便他无太多智慧，也能让人如沐春风。 他不会卖弄学问，不看重任何事情。 他性格宽厚，因为他知道自己也跟现在的人一样，曾心存幻想。 正因如此，他在与人交往时洒脱自如，既不啰嗦，也不嘴碎。 即便有人如此对他，他也转头就忘，毫不在意。 他定比别人更快乐，因为他一直站在冷眼旁观的高处。 他活得真实自然，见别人在假象中摸索绕弯，也能一笑了之。 他在明处，看着不小心走进黑暗的人那些可笑的动作；世人拿来衡量人事的虚假标准，他大笑着将其统统打破。

（三百四十）

破釜沉舟之举让世人害怕，却适用于强者；刚强的人栖息于剑锋之上。

（三百四十一）

冥想的生活通常是可悲的。 人应多做少思，不要只想着何为生活。

（三百四十二）

人可以追求美德，却无法理直气壮地宣称自己在追求真理。

（三百四十三）

基督教中的詹森派教义①就像异教中的斯多葛主义，已从神坛跌到基督徒的群氓中。可这个教派居然还有帕斯卡和阿尔诺②这样的捍卫者！

---

① 基督教的詹森派遵从恩宠论学说，认为得救只能靠上帝恩宠，主张虔诚地严守教会法规。
② 阿尔诺（Antoine Arnauld, 1612—1694），法国神学家、逻辑学家和哲学家，詹森派领袖人物之一。

第六章
论女人、爱情、婚姻与风流韵事

(三百四十四)

您对我的看法，令我深感羞愧。我并非如您认为的那样，一直是个塞拉冬。①我若跟您讲讲自己年轻时候的三四件事，您就会发现，我的过去算不得磊落，这还是发生在最顶层的上流圈子中。

(三百四十五)

爱这种情愫若要真诚，就掺不得其他情感，它只能被爱本身构成，只能靠爱本身存活和维系下去。

(三百四十六)

每次看到某个女人甚至男人为情所困的样子，我就会怀疑她/他的感情。由于这个习惯，我从没看走眼过。

(三百四十七)

在感情上能被估价的东西毫无价值。

———————————

① 塞拉冬是法国作家于尔菲的小说《阿斯特蕾》中的男主人公，是柏拉图式爱情的化身。

（三百四十八）

爱情就如传染病，你越是害怕，就越易染病。

（三百四十九）

坠入爱河的人总想表现出比实际更加可爱的样子，这就是为何几乎所有恋人都是可笑的。

（三百五十）

有的女人为了恋人而生活落魄、名节尽毁、断送了自己一生，却因为对方没擦好香粉、没修好指甲，或者袜子穿反了而爱意尽消。

（三百五十一）

一个骄傲而正直的灵魂一旦体验过轰轰烈烈的激情，品尝了逃避、害怕的滋味，就再不屑于风流韵事了；他就像感受过友谊的人，再不屑于普通的人际交往与琐碎的利益关系。

（三百五十二）

有人问为什么女人喜欢炫耀自己的男人；人们给出许多答案，其中大部分都让男人倍感不适。真正的原因是，女人只能用这种方法来展示她对男人的操纵。

（三百五十三）

那些出身平平却希望甚至疯狂渴盼在上流社会赢得一席之地的女

人，既体会不到自然的幸福，也得不到思想上的快乐。 她们是我所知的最悲惨的生物。

（三百五十四）

交际圈贬损了许多男人，更把女人贬得一无是处。

（三百五十五）

女人脑子里总有些幻想、执念、欲望乃至激情。 可她们最难拥有的，恰恰是爱慕。 她们生来是为了和我们的软弱、疯狂打交道，而非和我们的理性交手。 女人和男人之间能产生表面的好感，却少有灵魂、思想、性格的交集。 这是一个四十岁男人通过接触到的少部分女性证实的观点。 我敢说，这甚至还得到了那些接近这个年纪的女人的证明。 您去看看吧，即便女人给了男人某些甜头，基本也是不良的意图、利益的算计或虚荣心的结果。 当然也有例外，但例外只证明了，甚至比这个规则本身更加深刻地证明了后者的正确性。 我还想补充一句：我这里并不是在说，证明太多的公理相当于什么都没证明。

（三百五十六）

爱情之所以诱人，是因为人是自爱的。 啊！ 这种情感美化了我们所拥有的、归还了我们所失去的、给予了我们所缺失的，这叫人如何能够拒绝？

（三百五十七）

我认为，若一对男女对彼此产生了狂热的激情，哪怕他们中间隔着丈夫、家长等障碍，即便有世俗法律习俗的阻隔，这对恋人在自然角度上、在神的法律面前仍是属于彼此的。

（三百五十八）

人若在爱情中失去自爱，他就几乎不剩什么了。没了自负的爱情就如同处在恢复期的羸弱病人，几乎站都站不起来。

（三百五十九）

交际圈中的爱情不过是两个幻影的交流、两种皮肤的触碰罢了。

（三百六十）

有时，为了让您去见某个女人，人们会对您说："她很可爱。"但如果我不想爱她呢，最好说："她很多情。"因为想要被爱的人远多于想要爱人的人。

（三百六十一）

如果我们想知道一个女人年轻时是否自爱，只需看她们过了风流年纪还剩下什么，自可作出判断。

（三百六十二）

某某先生说，我觉得女人的示爱实际更像是比赛中的争夺，不是为了感情，更不是为了勋章。

（三百六十三）

年轻女子和国王有一个共同的不幸之处：没有朋友。但幸运的是，她们和国王一样都身处不幸而不自知。 国王的荣华与女人的虚荣，让他们失去了情感。

（三百六十四）

人们说，在政治上，智者绝不攻池夺地；这句话同样适用于风流韵事。

（三百六十五）

有个词很有意思：了解（connaître）某个女人，有"睡了这个女人"之意。 许多古语以及那些最淳朴、最接近自然的习俗里都有这层意思，似乎这是我们了解女人的唯一办法。 要是主教们早知道这个道理，他们对女人的了解定会超乎我们的想象。

（三百六十六）

在女人和男人的战争中，男人占有巨大优势，因为年轻女子站在他们那边。

（三百六十七）

有的姑娘可以卖身，却不能委身。

（三百六十八）

最真挚的爱让灵魂对细腻的情感敞开大门。 婚姻让您的灵魂对您妻子细腻的激情敞开大门，也对野心、虚荣敞开大门。

(三百六十九)

要尽量做到友善正直，去爱世间最完美的一个女人，虽然您得原谅她前前后后的狂蜂浪蝶。

(三百七十)

想了解友情，或许要先体会爱情。

(三百七十一)

男人找女人偷情就如同欧洲人在印度做生意，交手的都是好战者。

(三百七十二)

要想让男女之间的关系变得真正有趣，两人之间应该产生快乐、回忆或欲望。

(三百七十三)

一个很有头脑的女人曾把一句几乎算是女性秘密的话透露给我：任何女人在选择情人时，更在乎别的女人对这个男人的看法，而非自己对他的看法。

(三百七十四)

某某夫人曾不顾战火纷飞，去英国和情人会合，以证明她的一腔真情。可如今，打着尊严廉耻的旗号粉墨登场的却是丑闻。

（三百七十五）

我记得有个人不再跟剧院姑娘厮混了，他说，因为他发现这些姑娘跟正经女人一样矫揉造作。

（三百七十六）

陈词滥调进得了耳朵和脑子，却进不了内心。

（三百七十七）

人们很容易接受"感官引发思考"这句话，却很少想过思考也会引发感官，但这话说得同样在理。

（三百七十八）

情妇是什么？ 是一个待在她身边能让人把铭记于心的一切东西抛诸脑后的女人，换言之，她能叫人忘记女性的所有缺点。

（三百七十九）

无论什么风流韵事，经时间洗刷后都能从刺激的丑闻变成刺激的神秘。

（三百八十）

爱情似乎并不追求真实的完美，甚至恐惧真实的完美。 人只爱他所创造的、他所假想的东西，就像国王只看得到他所做过的大事一样。

(三百八十一)

博物学家说，所有物种的退化都是从雌性开始的。 哲学家可将这个观察应用于文明社会的道德中。

(三百八十二)

与女人偷情之所以刺激，是因为里面有大量的暗示，有些在男人之间尴尬而乏味的暗示，换做男人向女人流露时却令人倍感愉悦。

(三百八十三)

人们常说，世上最美的女人只能给予她所拥有的，这话大错特错。 确切地说，她给予的恰是人们觉得能够接受的，在这种情况下，人们在想象中替所接受的东西标了价。

(三百八十四)

无论是宣传享乐还是推崇节制的哲学，在任何思想体系中，猥琐下流、寡廉鲜耻都是可笑的。

(三百八十五)

我读《圣经》时发现，在许多谴责人性的狂暴与罪恶的段落中，作者说这些源于男人，在说愚蠢与软弱时，却说这些源自女人。

(三百八十六)

待在女人身边时，如果我们对铭刻于心的东西还有一丁点记忆，那未免也太不幸了。

（三百八十七）

自然让男人对女人产生不可磨灭的兴趣。 许是猜想，若不采取这种预防措施，女人的恶习——其中以虚荣为甚——将引起男人的鄙视，继而严重危及人类的生存繁衍。

（三百八十八）

一个狂热爱慕一个女人却惨遭后者欺骗的男人认真对我说：没经历过多少姑娘的男人根本不了解女人。

（三百八十九）

结婚和单身各有弊端，人得选择其弊端尚不是无可救药的那一个。

（三百九十）

在爱情中，人们只需享受美好与快乐即可。 可在婚姻里，人若想获得幸福就必须相爱，或者至少要包容彼此的不足。

（三百九十一）

爱情比婚姻更令人快乐，这和小说比历史更加有趣是一个道理。

（三百九十二）

爱情之后的婚姻，如同烈焰之后的余烬。

（三百九十三）

在单身还是结婚这个问题上，有这么一句最有道理和分寸的话："不管你选择哪个，最后都会后悔。"丰特奈尔①在晚年为没有结婚而懊悔不已，全然忘了过去九十五年无忧无虑的单身日子。

（三百九十四）

在婚姻中，唯有明智的人才有所收获，唯有愚蠢的人才能获得乐趣。至于其他婚姻，不过是卑劣的算计罢了。

（三百九十五）

女人在什么都不是、什么也不能是的时候，就嫁给了别人。而丈夫不过是个粗暴的工人，他锻压妻子的身体，锤炼她的思想，打磨她的灵魂。

（三百九十六）

大人物操持的婚姻，下流得人尽皆知。

（三百九十七）

某位年轻貌美、聪慧高尚的小姐嫁给了某个老迈丑陋、愚蠢粗俗却富得流油的糟老头子，一些在社会上颇有地位和声望的人居然为这桩婚姻拍手叫好。若说什么最能展现这个下流时代的众生相，这件

---

① 丰特奈尔（Bernard Le Bovier de Fontenelle， 1657—1757），法国哲学家，他虽然终生未婚，却并不禁欲，先后与许多女性保持着恋爱关系。

事定能入选。 它是对这种快乐的讥讽，是对一切道德与自然观念的颠覆。

（三百九十八）

丈夫这个身份实在是讨人厌，最诙谐机智的丈夫到哪儿都是多余的人，连在自己家里也不例外。 他还没张口说话，就让人觉得无聊；张口后，哪怕谈再简单不过的事，都显得很滑稽。 但他若得到妻子的爱，尚有挽救的余地。 所以某某先生才对他的妻子说："亲爱的，请帮助我，让我别显得那么可笑。"

（三百九十九）

离婚是再自然不过的事，它每晚都躺在许多家庭的夫妻俩中间。

（四百）

多亏女人的激情，正派男人才要么成了丈夫，要么成了浪子；要么纵欲，要么阳痿。

（四百零一）

所有不般配的婚姻中，最糟糕的是心灵的不般配。

（四百零二）

单单被爱还不够，你还需要被欣赏，可只有你的同类才能欣赏你。 正因如此，如果两人差距太大，爱情就无法存在，或难以持久。 这绝非出于虚荣，而是出于正常的自爱。 想要抛弃人的这种天性，是荒谬且不可能的。 虚荣纯粹是人性中软弱或腐朽的一面，而自爱显然是正常的。

（四百零三）

女人向友谊付出的，全是她们从爱情中借来的。

（四百零四）

蛮横的丑人寻求欢乐，就好比穷人在命令别人赈济自己。

（四百零五）

一个被情人深深爱着的男人，对对方的爱似乎就不太深沉了，反之亦然。 内心的感情不正如行善一样吗？ 当我们无以为报的时候，就沦为薄情寡义之人。

（四百零六）

认为灵魂与思想重于美貌的女人，是女人中的上品。 认为美貌重于灵魂与思想的女人，是女人中的凡品。 认为出身与地位重于美貌的女人，是女人中的劣品。

（四百零七）

较之男人，女人在头脑上似乎少了块机能区，在心灵上又多了一根弦。 正因为这种特殊生理构造，女人才有能力容忍、照顾和抚育小孩。

(四百零八)

大自然让母爱背负起延续生命的责任；作为补偿，它给予母亲快乐，以及伴随母爱这份美妙情感而来的疼痛。

(四百零九)

在爱情中，一切都是真的，一切又都是假的，它唯独不是荒唐的。

(四百一十)

坠入爱河之人对理智之人的怜悯，在我看来就像读童话的人对读历史的人的嘲笑一样。

(四百一十一)

爱情是一场紧张的买卖，最后总以一个人的破产告终：谁破产，谁就颜面尽失。

(四百一十二)

在永不结婚的诸多理由中，有一个非常充分：只要那个女人不是你的，那你就不会上她的当。

(四百一十三)

您可曾见过这种场景，一个女人一旦发现她的一个男性朋友围着另一个女人打转，就猜测这个女人待她的朋友格外冷酷？ 由此我们可发现女人对其他女人是何看法。 说说您对此的结论吧。

（四百一十四）

无论男人能把女人想得多么糟糕，都比不上女人对女人的看法更糟糕。

（四百一十五）

某些男人有足够的能耐摆脱困境，飞黄腾达。 换做其他不如他们的男人，沦落到此等境地后就再难翻身了。 但后者可以凭借婚姻、裙带关系，和能力远超他们的男人平起平坐。 婚姻与风流韵事相当于一类导体，将细腻的激情传导到他们身上。

（四百一十六）

在上流社会，我见过一些男女追求的不是感情的交换，而是套路的交手，一旦他们发现更好的交手对象，就立马转换目标。

第七章
论学者与文人

（四百一十七）

某种热忱的激情是才华的乳母或必不可少的伙伴，却常常让才华拥有者深陷不幸。他们不幸，绝非因为他们没有道德或崇高品性，而是因为他们频频走上道德缺失的岔道。把他们变得面目可憎的，是一种他们无法驾驭的毁灭性的残暴。想想英国的蒲柏、斯威夫特，法国的伏尔泰、卢梭，他们不仅遭到仇恨、嫉妒的批判，还得面对公正、善意的审视，且有其朋友或崇拜者跳出来证实或承认某事的真伪；一想到他们有可能做出一些千夫所指的行为，或被一些邪恶反常的情感所打败，我们就心生忧郁。唉！他们可是高山啊！

（四百一十八）

我们发现，研究物理、自然史、生理学和化学的人一般性情温顺平和，普遍过得很快乐；相反，研究政治、法律甚至道德的作家常常心情低落沉郁。其中道理再简单不过了：前者研究自然，后者研究社会。前者凝视的是上帝的作品，后者关注的是凡人的作品。结果自然会有所不同。

(四百一十九)

为了评价、体会或欣赏美妙的诗篇，人就得具有思想与灵魂上的一些稀有品质。 只要仔细审视这些品质，端详灵巧敏锐的喉咙、耳朵、大脑等器官，我们就会相信：尽管社会各个阶层都以消遣作品的评价者自居，可实际上诗人还不如几何学家那样得到正确的评判。诗人并不关心大众，眼里只有懂诗的内行。 他们就像著名数学家韦达，在数学远不如现在这样发达的时代里，只考虑到他的同行。①韦达只出了几本数学书，将其分发给那些能理解他、能在书中获得乐趣或帮助的人。 至于其他人，根本不在他的考虑范围内。 韦达家境优渥，而大部分诗人贫穷潦倒。 此外，数学家不像诗人那般虚荣；即便同诗人一般虚荣，他也能对此作出更精准的计算。

(四百二十)

有些人身上的"思想"（这个万能工具）不过是一种"才能"而已。 凭借这个东西，他们似乎成了主宰者，可他们驾驭不了它，它根本不听从他们理性的指挥。

(四百二十一)

说到空想家，我常引用斯卡利杰②说巴斯克人的一句话：都说他们明白自己在说什么，可我对此非常怀疑。

---

① 韦达（François Viète， 1540—1603，也译维埃特），法国数学家，早年学习法律，他不是专职数学家，但喜欢在工作之余研究数学，并作出了很多重要贡献。
② 斯卡利杰（Joseph Juste Scaliger， 1540—1609），法国宗教领袖和著名学者。

(四百二十二)

一个为了虚荣而无所不用其极的哲学家，有权蔑视一个为了利益而无所不用其极的廷臣吗？ 在我看来，他们都是闻风而动，只不过一个收获的是满足，另一个收获的是金路易罢了。 达朗贝尔出于虚荣而向伏尔泰阿谀奉承，他就真的比路易十四宫廷里某个追求钱财官位的廷臣高上一等吗？

(四百二十三)

一个八面玲珑的人若企图通过取悦他人、而非取悦朋友来获得蝇头小利，就如同许多人，尤其是文人做的那样（毕竟他们的职业就是取悦别人），很明显，他这么做纯粹是为了利益或虚荣。 那他得在阿谀奉承的廷臣、卖弄风情的女人中选择一个角色来扮演，或者也可以当个喜剧演员。 那些在社交界混得八面玲珑且乐在其中的人，就只能扮演正人君子的角色了。

(四百二十四)

有人说，攫取古籍相当于境外偷盗，抄袭现代作品则是街边行窃。

(四百二十五)

诗歌会让鲜有智慧的人的思想中添上几分智慧，他便成了人们口中的才子。 但许多时候，诗歌还会让很有智慧的人的思想中减去几分智慧，他就成了没有诗才的最好证据。

（四百二十六）

如今绝大部分书籍，都像是就着前晚刚读过的书在一天之内写出来似的。

（四百二十七）

分寸、谈吐与品位之间的关系超乎文人的想象：分寸，就是行为举止中透出的品位；而谈吐，就是言辞对话中透出的品位。

（四百二十八）

亚里士多德的《修辞学》中有一句精彩的论述：任何建立在类比基础上的暗喻，其意义颠倒过来同样成立。 所以人们说起老年时，称它为人生的冬季；但我们若把比喻颠倒过来，说冬季是一年中的老年，这话同样合理。

（四百二十九）

想成为文坛大师或在文坛上掀起一场令人不可小觑的革命，这和闯荡政坛一样，须等到万事俱备、时机恰当的时候。

（四百三十）

大贵族与大才子是两个希望彼此结交、联手合作的阶层，其中一个掸起点点尘埃，另一个制造点点噪音。

（四百三十一）

文人喜欢能让他们开心的东西，就如旅者喜欢能令他们惊讶的东西一样。

（四百三十二）

如果一个文人没有他的性格、朋友的成就和一点钱财为衬托，那他是怎样的文人呢？ 要是他没有最后这个优势条件，没办法在社交圈混得风生水起（可这又是他的职业要求），他还需要上流社会吗？他唯一的选择，不就是寻一个能让他在平静中充实灵魂、性格与理智的隐居之所吗？ 难道他还得背负社交的负担，哪怕后者已无法给予他一丁点其他市民阶级从中获得的好处？ 不止一个被迫决定离开社交圈的文人，反寻到了他在别处踏破铁鞋也觅不来的幸福。 由此我们可以说，他被拒绝了一切，但又得到了一切。 不知多少次，人们反复吟诵地米斯托克利①的这句话："啊！ 我们若不死，那便是已死了。"

（四百三十三）

读了一些表现美德的作品之后，人们会一再说：作者没有在文字中展现自己，叫人无法从某本书中得出作者人如其文的结论，这着实令人遗憾。 的确，许多书籍都能触发这种感想；但我发现，人们之所以常有此感，是因为他们吝于赞美一个正直作家在文字中呈现出的道德形象。

（四百三十四）

一个有品位的作者待在麻木不仁的公众中，同一个年轻姑娘待在

---

① 地米斯托克利（Thémistocle，前524—前459），古希腊杰出的政治家、军事家。 雅典人。

一群老流氓中没什么区别。

（四百三十五）

很少有哲学思想轻视博学；许多哲学思想重视博学。

（四百三十六）

诗人的工作（常常也是文人的工作）于他自己而言其实少有收益；在公众那边，他被置于"万分感谢"与"滚一边去"的两个境地之间。所以他的命运女神只能让他自娱自乐、打发时间。

（四百三十七）

一个创造佳作后功成身退的作家，比频频制造平庸作品的高产作家更受尊重。这就好比一个善谈者的沉默，比不善言辞者的聒噪更有分量。

（四百三十八）

许多作品的成功，取决于作者的平庸想法与大众的平庸想法之间的比例关系。

（四百三十九）

看看法兰西学院的构成，人们几乎会以为它是为了阐述卢克莱修的这句话而设的："Certare ingenio， contendere nobilitate。" ①

---

① 拉丁语，原文意为："为了智慧而奋斗，为了名声而努力。"但鉴于尚福尔此处对法兰西学院的讥讽语气，故也可译为"费尽心机，汲汲名利"。

(四百四十)

法兰西学院成员的荣誉跟圣路易骑士团骑士的名声也差不多，他们都在马利饭店一餐饭要二十二苏的旅店里吃饭。

(四百四十一)

法兰西学院与歌剧院很像。 歌剧院为了维持生计，得拿新鲜东西吸人眼球，得从外省剧院获取补助金，还得允许观众从后排走进休息室。 法兰西学院也一样，从各方获取利益以维持运转。 它就像格莱塞①笔下的希达丽斯：

> 拥有她，这首先是您的责任。
>
> 然后尊重她，如果您能做到的话。

(四百四十二)

如今在文学界——尤其是戏剧界——赚取名声，就像从前在海岛上寻求财富一样，已是件难事了。 以前，人们几乎每次出海寻宝都能满载而归，但这些巨大财富损害了下一代的利益，枯竭的土地不再产出丰厚的收益了。

(四百四十三)

在我们的时代，戏剧与文学的成功几乎已成笑柄。

---

① 格莱塞（Jean-Baptiste Gresset， 1709—1777），法国剧作家、诗人。

(四百四十四)

发现道德与政治中有用的美德是哲学，让美德流传开来的是雄辩术，而让美德变得可以说是家喻户晓的则是诗歌。

(四百四十五)

辩口利舌却缺乏逻辑的诡辩家之于哲学家，就如魔术师之于数学家，皮内蒂①之于阿基米德。

(四百四十六)

点子很多的人不一定是智者，就如兵马很多的将军不一定是良将一样。

(四百四十七)

人们常常恼火于文人退出上流社会。 人们希望文人对社交产生兴趣，而文人几乎不能从中得到任何好处。 他们就像一群被强迫买彩票的人一样，哪怕自己从来中不了奖。

(四百四十八)

我之所以仰慕古代哲学家，是因为他们追求德文同一：柏拉图、泰奥弗拉斯托斯②等哲学家皆是如此。 道德实践甚至成了其哲学思

---

① 皮内蒂（Giuseppe Pinetti，1750—1800），意大利魔术师，古典魔术流派的创始人。
② 泰奥弗拉斯托斯（Theophrastus，约前 370—前 286 年），古希腊哲学家和科学家，先后受教于柏拉图和亚里士多德，后来接替亚里士多德，领导其逍遥学派。

想的主要部分，以至于许多哲学家，例如色诺克拉底①、帕勒蒙②等人，他们虽是某个学派的泰山，却未写下任何著作。 苏格拉底没有留下任何作品，也没研究过除道德之外的任何科学，不失为那个时代的第一哲学家。

（四百四十九）

我们最了解的是：第一，我们自己推测的；第二，我们从人事经验中学到的；第三，我们由书籍学到的，即通过思考书中内容而得到的，而非直接从书籍中学到的；第四，我们从书中学到的或老师教给我们的。

（四百五十）

文人尤其是诗人就像孔雀，人们吝啬地往它的笼子里扔几粒谷子，有时甚至把它拉出来让它表演开屏；而公鸡、母鸡、鸭子和火鸡却可以在院子里自由踱步，饮食无忧。

（四百五十一）

成功产生成功，就如钱生钱一样。

（四百五十二）

哪怕最有思想的智者，在写某些书的时候若不租辆马车出去，即

---

① 色诺克拉底（Xenocrates，约前 396/395—前 314/313 年），古希腊哲学家，继斯彪西波之后担任雅典学园的主持人。
② 帕勒蒙（Polemon，？—前 270 年），古希腊哲学家，公元前 314 年开始成为雅典学园的主持人。

亲身走访考察、查阅图书馆藏书及手稿，他们都没办法写好。

（四百五十三）

哲学家和诗人几乎都是愤世嫉俗者，原因如下：第一，由于他们的品位和才华，他们研究和观察着社会，并常常为此心怀忧愤；第二，他们纵然才华横溢，却几乎得不到社会的赏识（没因此受罚就已是万幸了），这种失意只会加剧他们的忧愤。

（四百五十四）

当权者和文人——甚至其中公认的为人谦逊者——留下回忆录，想展现自己的人生历程，却把他们心底的虚荣展露无遗。这种回忆录，让人想起某个圣人为了封圣而留下的十万埃居。

（四百五十五）

我们靠才华获得了进入上流社会的特权，可又因为有个性而失去了这种特权，这真是一大不幸。

（四百五十六）

伟人过了激情年纪才写下佳作，就如大地在火山喷发之后才变得肥沃。

（四百五十七）

虚荣的社交达人巧妙地利用着虚荣的文人，而虚荣的文人又借着他们的名气搭上大人物。于前者和后者而言，虚荣最开始不过是一阵风罢了，但精明的诡计家会借风直上，飞黄腾达。

（四百五十八）

经济学家就像拥有两把手术刀的外科医生，一把锋利，一把粗钝，一把拿来利落地解剖死人，一把拿来慢慢地折磨活人。

（四百五十九）

宫廷文人的作品虽名噪一时，文学家却毫不为此嫉妒，他们看待这种成功，就像正派女人看待年轻姑娘攀上高枝一样。

（四百六十）

戏剧可巩固习俗，也可改变风气。 自然而然，它要么纠正歪风，要么传播邪气。 我们也看到了，戏剧对法国轮番发挥这两个效力。

（四百六十一）

许多文人自诩热爱光荣，可他们不过是追求虚荣罢了。 光荣和虚荣截然不同，甚至完全相反：一个是伟大的激情，另一个是渺小的激情。 光荣与虚荣之间的差别，正如有情人与自负者之间的区别一样。

（四百六十二）

后世只根据作品而非地位来评价文人。"他们做了什么比他们是什么更重要"，这句话应当成为文人的座右铭。

（四百六十三）

斯佩罗尼①很好地解释了为何一个作者觉得他已非常清楚地表达出来的思想，有时对于读者来说却晦涩难懂。他说，这是因为作者是从思想走向表述，而读者是从表述走向思想。

（四百六十四）

作者在愉快中写出的作品往往是最好的，就像在爱情中诞生的孩子是最漂亮的。

（四百六十五）

在艺术甚至其他许多事情上，人们唯一知道的是自己在什么地方一无所知。

（四百六十六）

画家将灵魂赋予一个形象，而诗人将形象赋予一种情感或想法。

（四百六十七）

拉·封丹之所以是个蹩脚作家，是因为他被忽视了；而拉莫特②之所以是个蹩脚作家，是因为他太受欢迎了。

---

① 斯佩罗尼（Sperone Speroni，1499—1588），意大利文艺理论家、语言学家。
② 拉莫特（Antoine Houdarde la Motte，1672—1731），法国作家、评论家、诗人和翻译家。

（四百六十八）

一部完美的性格喜剧取决于情节设置，其情节安排还不能移花接木到别的戏剧上。 也许只有《伪君子》这部戏能经受住这条标准的考验。

（四百六十九）

一个有趣的办法，可证明法国哲学家是世上最糟糕的公民。 证据如下：他们写了一大堆关于政治经济的大实话，在书中提出许多有用的建议，且它们基本被欧洲各国君主采纳，唯有法国君主除外。于是外国经济繁荣、国力大增，法国却一成不变、维持陋习，它迟早会沦为各方势力中最弱小的一个；这明显是哲学家的错。 说到这里，托斯卡纳大公与一个法国人谈到他在国内一些可喜的创新时，他的回答是："您过誉了，我的想法都是从法国书籍中学来的。"

（四百七十）

在安特卫普的一座大教堂里，我参观了著名印刷商普朗坦的坟墓。 为了纪念这位杰出人物，人们在其坟墓周围装饰上鲁本斯的杰出画作。 这个场景让我想起了艾蒂安家族的亨利与罗伯特，他们凭借自己在希腊语与拉丁语上的广博学识，为文学做出了巨大贡献，而两人在法国却生活潦倒、晚景凄凉，其后人夏尔勒·艾蒂安也在推动文学进步的过程中功不可没，最后却死在了收容所。 我还想起了被视为法国历史之父的迪谢纳①，他在贫困交加中被赶出巴黎，最后逃

---

① 迪谢纳（André Duchêne, 1584—1640），法国历史学家和地理学家，被誉为"法国历史之父"。

到了他在香槟的一个小农场里，从装满稻草的车上重重摔下而死。
开了历史纪念币先河的安里安·德瓦卢瓦①的命运也没有好到哪里
去。 地理学之父桑松②七十多岁仍得走路上课以维持生计。 所有人
都知道杜里耶③、特里斯坦④、梅纳尔⑤和其他许多人的故事。 高乃
依临终前躺在病榻上，连一碗热汤都没有。 拉·封丹也大抵如此。
若说拉辛、布瓦洛、莫里哀和奎诺⑥从某种意义上来说更幸运，是因
为他们把更多的才华献给了国王。 整理比较了法国杰出文人悲惨史
的隆格里⑦修道院院长说："就这样，这个可悲的国家里的杰出才子
被熬干了。"那份大名鼎鼎的、后被呈给科尔贝尔⑧的国王资助文人
名单，其编写人是夏普兰、佩洛特⑨、达勒芒⑩与加卢瓦⑪修道院院
长，他们把自己厌恶的同僚从名单中抹去，添上了一些外国学者的名
字，因为他们很清楚：奉承国王与内阁的更好办法，是让远在巴黎四
百古里之外的人去歌颂他们。

---

① 安里安·德瓦卢瓦（Adrien de Valois, 1607—1692），法国历史学家。
② 桑松（Nicolas Sanson, 1600—1667），法国地理学家，被誉为"法国地图制作
  之父"（此处年龄应为作者误记）。
③ 杜里耶（Pierre du Ryer, 1605—1658），法国历史学家、翻译家、作家、剧作家。
④ 特里斯坦（Tristan L'Hermite, 1601—1655），法国诗人、剧作家。
⑤ 梅纳尔（François Maynard, 1582—1646），法国诗人。
⑥ 奎诺（Philippe Quinault, 1635—1688），法国诗人与剧作家。
⑦ 隆格里（L'abbé de Longuerue, 1652—1733），法国语言学家、历史学家。
⑧ 科尔贝尔（Jean-Baptiste Colbert, 1619—1683），法国政治家，曾担任财政总监。
⑨ 佩洛特（Charles Perrault, 1628—1703），法兰西学院院士。
⑩ 达勒芒（Paul Tallemant le Jeune, 1642—1712），法国作家与诗人，法兰西学院
  院士。
⑪ 加卢瓦（l'abbé Gallois, 1632—1707），法国学者。

第八章
论奴役与自由，论大革命前后的法国

（四百七十一）

那些一说起野蛮地区就激情洋溢、将其拿来和文明社会作对比的人，常常引来人们的嘲笑。 但我想知道，嘲笑者会如何回应以下异议。 我们在野蛮地区从未见过这三类人：疯子，自杀者和想拥抱文明社会的野蛮人；可许多在开普敦或美洲和野蛮人共同生活过的欧洲人，即便他们返回故乡，很快又回归丛林。 谁能对此进行反驳，且不废话连篇、无理强辩？

（四百七十二）

文明社会中人类的不幸在于，虽然人们能从道德与政治的角度立下定义，说"坏的就是有害的"，但不能说"好的就是有利的"，因为短期的利益可能留下长期乃至永久的后患。

（四百七十三）

我们可以想一想：劳动和知识在三四千年里取得的成果，反让全世界三亿多人屈居于三十多个暴君之下，而且这些暴君大部分都无知昏庸，每个人还受着三四个恶棍的操纵，有时还是愚蠢的恶棍。 念及此，我们对人类能有何感想？ 对人类未来还有何念头？

（四百七十四）

几乎整个历史只由一连串的暴行组成。 哪怕暴君在世时厌恶历史，其继任者似乎只能接受父罪子承的现实，以便没人来关注他们自己的恐怖统治。 事实上，只有一个办法能安抚人民：告诉他们，他们的父辈过着同样不幸、甚至更加不幸的生活。

（四百七十五）

法国民族性格中既有猴子的特点，又有猎狗的属性。 他们像猴子一样可笑和不安分，内心充满恶意。 他们又像猎狗一样对抽打自己的主人俯首帖耳、谨小慎微，任由后者给他们戴上锁链，只要主人放开链条让他们去狩猎，他们又快活地跳起来。

（四百七十六）

以前，皇家财库被称为"积蓄库"。 自从当局开始挥霍国家财产后，这个违背事实的名称让人看了简直无地自容，于是人们干脆将其改名为"皇家财库"。

（四百七十七）

承袭了法国最尊贵的贵族头衔的，不过是那三万个全副武装、年金丰厚、骑着披甲骏马、将我们的民族祖先——八九百万穷人踩在脚下的人中少数几个人的后裔罢了。 正因如此，才有了那么一条必须敬爱和尊重这些暴君后裔的铁律！ 贵族阶级为了让自己更受人尊敬，就不断收编新人、更新迭代，把那些靠剥削穷人来发家致富的免税者收入旗下。 多么可悲的一个团体啊，它天生就令人鄙视和恐惧，竟然还想让人尊重它、崇敬它！

（四百七十八）

要当船长，就必须先是贵族。 此话跟"要当水手，就必须先是国王秘书"一样在理。

（四百七十九）

除非你是贵族，否则不可能谋得高位，这是几乎存在于所有国家中的一个最要命的荒谬现实。 我觉得这就好比一只驴子挡在骏马面前，不让它进入竞技场。

（四百八十）

大自然想造出有德或有才的人，根本不会去咨询谢兰。①

（四百八十一）

如果在塞扬努斯家族当臣子，在位者是提比略或提图斯又有什么关系？②

---

① 参见格言十五注释。 作为家谱学家，谢兰曾受法国国王的委托，帮助其审查贵族的家谱，以确认他们的真实头衔。
② 参见格言一百零一；塞扬努斯是提比略执政期间罗马的禁卫军长官，当时罗马最有权势的人。

（四百八十二）

要是能有如同塔西佗这样的历史学家，既记录明君的历史，又入木三分地揭示所有暴行和滥权（其中大部分历史已被埋在最幽深的黑暗中），那我们几乎体验不到堪比提比略在位时期的恐怖统治。

（四百八十三）

可以说，罗马在提比略·格拉古①死后就再没有平民政治了；离开元老院、用暴力对抗保民官的西庇阿·纳西卡②，教会罗马人只有武力才能拨乱反正的道理。 向苏拉揭示这股神秘的可怕力量的，也是这个人。

（四百八十四）

塔西佗的作品之所以能勾起读者强烈的兴趣，是因为作者描绘了古代共和国的自由和肮脏的奴役之间持久而又弥新的反差，以及从前的司考茹斯、西庇阿等政治家与后来软弱的继承者之间的对比。 总之，是提图斯·李维让塔西佗的作品增色不少。

（四百八十五）

国王与牧师反对自杀理念，是想确保他们能持续奴役我们。 他

---

① 提比略·格拉古（Tiberius Gracchus，约前163—前133），古罗马政治家，平民派领袖。
② 西庇阿·纳西卡（Scipion Nasica），罗马贵族派领袖，他带领暴徒袭击元老院，杀害了提比略·格拉古及其拥护者。

们想把我们关在一座出口已被堵死了的监狱中。 他们就像但丁作品中的一个恶棍，把关着不幸的乌格林①的那座监狱彻底封死。

（四百八十六）

人们为王公贵族著书立说，总说要研究王公贵族的利益，可谁曾说过要研究人民的利益？

（四百八十七）

只有自由人民的历史才是值得关注的历史。 被暴君所统治的人民历史，不过是一本轶事集。

（四百八十八）

法国才是欧洲真正的土耳其。 有二十多个英国作家写过："如法国、土耳其那样的独裁国家"。

（四百八十九）

大臣不过是群生意人而已，只因其东家——贵族地产庞大，他们才会如此重要。

（四百九十）

大臣让其主子干出危害公众的错误和蠢事后，只会让自己的地位更加巩固：据说由于这层同谋关系，他与主子之间的关系就更为紧密了。

---

① 在但丁的《神曲·地狱篇》第32篇中，比萨的乌格林伯爵及其子孙被幽禁在只有一个小孔的塔牢中活活饿死。

(四百九十一)

在法国，为什么一个大臣做了上百件坏事后仍能保住官位，但做了一件好事后就会被驱逐呢？

(四百九十二)

你们相信吗？ 由于必须鼓励艺术发展的关系，连暴君都有拥护者呢。 我们很难想象，路易十四时期花团锦簇的场景让多少人持此想法。 在他们看来，所有人类社会的终极目标就是产出杰出的悲剧和喜剧。 这就好比有人原谅了牧师的一切罪恶，只因他们觉得如果没有牧师就没有《伪君子》这部戏了。

(四百九十三)

在法国，名望与声誉不会给人增加投身仕途的机会，就像玫瑰花冠不会给村妇增加进入宫廷的机会一样。

(四百九十四)

在法国，展示邪恶通常给人谋得实用，表现美德却往往给人引来祸水。

(四百九十五)

在巴黎这个奇怪地方，吃顿晚餐要花三十苏，散步要花四法郎，必需的无用物要花一百个金路易，而无用的必需品则要花上四百个金路易。

(四百九十六)

在巴黎这座欢愉之都中，五分之四的居民抑郁而亡。

(四百九十七)

我们可以用圣特雷莎①定义地狱的这句话来描绘巴黎：腐臭之地，人人憎恶。

(四百九十八)

值得注意的是，在我们这个轻松快乐的国家中，竟存有这么多繁文缛节。某些小圈子、小集团的那股严肃迂腐气，更是令人诧异。也许立法者为了平衡法国人的轻浮，特意加了块砝码吧?!

(四百九十九)

吉博尔先生被任命为荣军院院长后，在荣军院中发现六百个并没受过伤、几乎全没打过一场仗的所谓军人，而这些人之所以拿着津贴，是因为他们曾是领主老爷和高官的车夫或仆从。这件事及其背后的问题，着实令人沉思!

(五百)

在法国，纵火者逍遥法外，敲警钟人却遭受惩处。

---

① 圣特雷莎（Sainte Thérèse, 1515—1582），天主教修女，神秘主义神学家。

(五百零一)

无论在凡尔赛还是在巴黎，几乎所有略有地位的女人都是如纳卡尔夫人①那样有所才能的市民女子，只是有的得到引见，有的未得推荐罢了。

(五百零二)

法国已没有公众和民族，就如布团里没有碎布一样。

(五百零三)

公众若明理，就会被控制。它就像内阁官员，只有说蠢话的权利。

(五百零四)

每次公众做了件蠢事，一想到它可能被住在巴黎的一小撮外国人看在眼里，我就悲从中来，毕竟我永远热爱我的祖国。

(五百零五)

只有英国人才找到办法，限制其头像被印在货币上的那个人的权力。

(五百零六)

为什么在最残酷的暴政之下，人们仍有繁衍后代的打算？这是

---

① 法国剧作家丹古尔（Dancourt）的戏剧《有身份的市民阶级》主人公——检察官纳卡尔——的妻子。

因为大自然的法则虽比暴君的律法更温和，却也更专横；这是因为不管在图密善①还是提图斯的统治下，婴儿都会对母亲微笑。

（五百零七）

一位哲学家说过：我不知道一个曾经在国王前厅或牛眼室②中待过的法国人，会怎么说那些被称作"大贵族"的人。

（五百零八）

向王公贵族阿谀奉承的小人说，狩猎就是一幅战争画卷；那些被他们踩坏田地的农民，大概会觉得这个描述挺贴切的。

（五百零九）

大象被奴役后都不再繁殖，若穷人或落魄儿没有大象的这个本性或骄傲，这于人类而言是件坏事，但于暴君来说也许反是件幸事。

（五百一十）

在穷人与富人、贵族与平民、位高权重之人与籍籍无名之辈间那场由社会造成的永恒斗争中，我们得出两个观察结果：第一，对这些人的言行的衡量标准各有不同，故得出的重量也不同，有的有一磅重，有的有十磅或一百磅重，这种人为定的不同标准却被当作不可更改的规范，想想着实可怕。 这种得到法律习俗撑腰的因人而异的规

---

① 图密善（Domitien，51—96），罗马弗拉维王朝的最后一位皇帝（81—96 年在位），是一位暴君。

② 一种带有眼洞的庭室，人们可通过眼洞偷偷观察外面情形。

则，是社会的大恶之一，单凭它就足以解释所有的社会恶习。 第二是，除了这个不公之外，另一种舞弊规则应运而生；穷人和平头百姓一磅的重量被减少到四分之一磅，富人和贵族的十磅重量却被加到一百磅、一百磅被加到一千磅。 这是他们各自地位造成的自然而又必然的结果。 如此一来，穷人百姓嫉妒他们的同类，富人、贵族和一小撮他们自己人狼狈为奸（这一小撮人为了瓜分利益、取得相同好处而为虎作伥），因此得以立足。

（五百一十一）

一个不争的事实是，法国有七百万人靠施舍度日，还有一千二百万人连乞求施舍的资格都没有。

（五百一十二）

贵族说，贵族阶级是国王与人民的中间人。 没错，猎狗也是猎人和兔子的中间人。

（五百一十三）

什么是红衣主教? 就是一个身着红袍、拿着国王的十万埃居、还以教皇之名嘲笑国王的人。

（五百一十四）

貌似大部分社会体制的目的，都是让人的思想和情感保持平庸，好更容易去统治人或被人统治。

（五百一十五）

弗吉尼亚州一个拥有五十英亩良田的公民，只要花费四十二苏，就能在公正温和的法律下平静地享受政府保护、人身及财产安全、公民自由、宗教自由、选举权、进入议会权以及随后的立法权等权利。奥弗涅或利穆赞一个同等条件的法国农民，却受到人头税、二十分之一税和各种徭役的压榨，还要被总督代理人肆意侮辱，被随意打入大牢，他还得把这份不幸的、卑贱的继承物传给他那个一贫如洗的家。

（五百一十六）

北美这块地方最著名的就是它的人权。美国人无愧于祖先，无愧于那些为了逃避暴政而背井离乡的著名共和党人。正因如此，在英国收回他们自由权利的时候，这里才走出无数有能力与英国相抗并战胜它、成功建立了史上最完善政府的人。美国革命还有利于英国，因为它能迫使英国尝试新的政治结构、扫除陈规陋习。然后呢？英国人被赶出北美大陆后，立刻奔向归属法国与西班牙的岛屿，在那里建立了他们的统治。这种统治建立在人对自由的天生热爱的基础上，并加深了这种热爱。在西班牙及法国的岛屿，尤其是拉丁美洲大陆，英国建立了以自由为原则和基础的新的政治结构。就这样，英国人缔结了他们的荣耀，培养了世上几乎唯一的自由人民，更准确地说，唯一的真正称得上人的人民，因为只有他们才知道何为人权、如何维护人权。可这场革命得要多少年啊？法国与西班牙只建立了奴隶制的这片土地若要被净化，必须引入英国人播下第一批自由的种子。这些种子不断生长，结出新的果实，酝酿出将英国人逐出两片美洲大陆与所有岛屿的一场革命。

（五百一十七）

英国人尊重法律，抵触甚至藐视特权。 相反，法国人尊重特权而藐视法律。 法国人得学会扭转观点才行，可鉴于国民的无知（根据各地首府的知识普及率，国民的无知毋庸置疑），此事几乎是不可能的。

（五百一十八）

暴君、贵族与其拥护者的信条是：唯我独尊，余下皆如草芥。民主政体及其拥护者的信条是：我为他人，他人为我。 您在两者中选一个吧。

（五百一十九）

每个人民出身的人都拿着武器对付人民，压迫人民。 从民兵到变成国王秘书的商人，再到走出乡村劝诫人民在专制权力面前安顺认命的牧师，再到史官、资产者的后代，皆是如此。 他们犹如卡德摩斯①的武士：先冒出来的转身扑向了他们的兄弟。

（五百二十）

穷人就是欧洲的黑人。

---

① 卡德摩斯，希腊神话中的腓尼基王子，杀死巨龙后埋其齿，结果长出一批武士，他们相互残杀，最后只剩数人。

（五百二十一）

奴隶就像在海拔过高的地方无法呼吸、只能等死的动物一样，死于自由的气氛。

（五百二十二）

统治人民靠的是头脑，而不能好心办坏事。

（五百二十三）

培根说人类理性应该从头开始，人类社会也应如此。

（五百二十四）

减少人民的痛苦，就减少了他们的残暴，这就好比用热汤治好疾病。

（五百二十五）

我发现，那些才干超群、掀起革命、看似革命是其才智成果的人，其成功仍需天时地利人和。 我们知道，早在瓦斯科·达伽马展开伟大的西印度远航之前，人们已进行了无数次尝试。 不要忘了，在哥伦布以前，许多航海家坚信西方有许多巨岛和一块大陆，哥伦布还和一位著名先导保持联系，手中存有他留下的资料。 腓力二世①在死前已为波斯战争做好了准备。 早在路德、加尔文乃至威克里夫

———————————

① 马其顿国王，亚历山大大帝的父亲。

之前，许多异教就已在猛烈攻击罗马教廷的种种弊端了。

（五百二十六）

人们总是以为，彼得大帝是某天醒来一拍脑子，就有了改革俄国的想法；可伏尔泰先生亲口承认，他的父亲阿历克西曾有向俄国传输艺术的想法。万事总需一个成熟过程，赶上了成熟时期的人也真是走运。

（五百二十七）

1789 年国民议会带给法国人民一部让他们吃不消的宪法，它应先通过良好的公共教育赶紧提升国民素质才对。立法者应该像灵巧的医生，通过胃药先让病入膏肓的人吃下东西才成。

（五百二十八）

1789 年国民议会中的议员虽然人数众多，其中的大部分却怀有偏见。由此可说，这些人摧毁了陈见，不过是为了获得陈见；就像有的人推倒建筑，只是为了占有瓦砾。

（五百二十九）

国家机构与议会之所以只干得出蠢事来，其中一个原因是：在公开讨论中，您在支持或反对某人某事的时候，哪怕有再精妙的言论也不能高声说出，否则会惹上大麻烦或有巨大的危险。

（五百三十）

上帝创世之时，混沌本栖息在一团宁静的无序中，但混沌运动让混沌变得更加无序。 社会动荡也是如此，重组必将产生极端的无序。

（五百三十一）

廷臣以及那些妄图让祸国的可怕弊端延存的人一直都宣称弊端可被改善，没必要将其一举摧毁。 他们这是想用羽毛掸打扫奥革阿斯①的牛圈啊。

（五百三十二）

在旧制度时期，一位哲学家大胆写了些真理。 一个因为出身或时局使然而身居高位的人读了这些真理，弱化和修改了哲学家的思想，只取了其中二十分之一的精髓，却被人视作忧国忧民的智者。他稀释了里面的热情，开始呼风唤雨。 那位哲学家却被关进了巴士底狱。 在新制度时期，哲学家才是那个真正呼风唤雨的人；他的思想不再是他被打入监狱的理由，也不再用来疏通蠢货的头脑，导致自己被蠢货取代。 哲学家终于走上了高位。 可以想见，那些被他挤下去的人有多么不适应这个新制度。

（五百三十三）

1789 年 7 月 14 日巨变之后，比耶夫尔侯爵（马雷沙勒医生的孙子）不得不逃亡英国，卢森堡侯爵与许多大贵族也逃之夭夭，那个场面实在有趣。

---

① 奥革阿斯是希腊神话传说中的厄利斯国王，太阳神赫利俄斯之子。 他的牛圈养了数千头牛，三十年都没有打扫过。 扫除奥革阿斯牛圈中的粪便是赫拉克勒斯的十二大苦役之一。

（五百三十四）

神学家永远专注于愚民，政府的走狗永远专注于欺压百姓，这些人毫无根据地认为大部分人天生愚蠢，只能从事纯粹的机械或手工劳动。 他们觉得手工业者没办法掌握足够的知识，故不配享有他们作为人与公民应有的权利。 可这些知识有那么复杂吗？ 他们有愚民的时间和心思，还不如拿出其中的四分之一来教育底层阶级；他们若不再向人民灌输荒诞且莫名其妙的玄奥教条，而是教导人民了解权利与建立在权利之上的义务这些基本原则，他们一定会震惊地发现，只要他们向人民指明了这条大道，后者能沿着这条路跑多远啊。 他们若不再向人民宣讲隐忍、受难、克己、低贱这些于篡权者极其有利的教条，而是教导他们认识到自己应该捍卫的权利与义务，他们会发现：为了社会而造出人来的大自然，其实给予了人足够的理智来创造一个合理的社会。

《格言与思想》补遗

　　下面这六十八条格言思想，节选自 1879 年勒斯居尔发表的巴黎珍本印社版《尚福尔选集》第一卷（*Œuvres choisies de Chamfort*, Paris, Librairie des Bibliophiles, 1879, t.I）。该书中的五百三十五到五百七十五条格言先前未曾发表，故加上了星号以示提醒；其他二十七条（从五百七十六条到六百零二条）虽然未加任何标注就出版，我们也未曾见过，我们曾在作者先前的其他格言集中寻找出处，却一无所获。

——编者注

（五百三十五）

　　智慧女神密涅瓦发现长笛不适合她，就放弃了这件乐器。 这则故事真是寓意绝佳。

（五百三十六）

　　从牛角门出来的是真实之梦，从象牙门出来的是虚假之梦，即美妙的幻觉。 此话甚有深意。

（五百三十七）

　　一个智者提起一个在外发达、衣锦还乡的老朋友，说："他不仅希望他的朋友们幸福，还要求他们幸福。"

（五百三十八）

一个男人突然批评一个女人，对她说："夫人，您是否不介意保持美德，哪怕一刻钟的时间也成？"

（五百三十九）

普鲁塔克说，爱情令其他激情陷入沉默：爱情是个独裁者，所有其他力量遇到它都溃不成军。

（五百四十）

听说别人因为想象带来的诸多恶果而反对纯洁的爱情，某人说："我倒丝毫不担心那些。若一个令我满意的女人也令我愉悦，我就沉浸在被她唤起的感情中；如果她不叫我满意，我会提防着不被她给骗了。我的想象就如地毯工，我若觉得一处公寓能叫我住得舒坦，就叫地毯工在里面铺上地毯，否则我根本不会叫他过来，好歹还能省下一笔费用——即回忆呢。"

（五百四十一）

L 先生对我说，当他得知 B 夫人对他不忠时，满心忧伤的他觉得自己再不会爱了，爱情永远离他而去了。他就像身处旷野之中，听见了一只山鹑扑翅飞走的声音。

（五百四十二）

您为 L 先生去拜访 D 夫人一事感到惊奇？可先生，我认为 L 先生深爱着 D 夫人啊。 并且您也知道，女人常常充当调和色，让两种截然不同、对比强烈的色彩变得和谐，而非加剧反差。

（五百四十三）

好心办坏事的人就像一头山羊，虽乖乖让人挤奶，却不小心一脚踢翻了装满奶的大碗。

（五百四十四）

一个人的幻象若破灭了，他的想象力就再造出另一个幻象，它们就像玫瑰花一样四季盛放。

（五百四十五）

某先生说，他最喜欢安详、宁静、朦胧。 有人接口说："这不就是病房吗？"

（五百四十六）

有人对交际圈赫赫有名的某先生说："昨天晚上您对某位先生没有太多关照。"他答道："您还记得这句荷兰谚语吗：大钱都是从小钱攒起来的。"

（五百四十七）

除开在关心她的男人面前展现出来的样子，一个女人没什么本来面目。 正因如此，她若在一个人面前没展现出自己希望展现的样子，就会对那个人火冒三丈，因为她在他那里失去了自己的存在。

男人就不会感到如此受伤，他始终都是自己本来的样子。

（五百四十八）

灵魂高洁者离财富很近，正因灵魂高洁，他又蔑视财富。

（五百四十九）

一个老单身汉打趣说，和人的不完美相比，婚姻这种生活状态太过完美了。

（五百五十）

福夫人对她的一位女伴说："您从没想过根据我的境况对我说哪些合适的话。比如，我某天失去丈夫（这是极可能的事），痛苦得难以自拔，您就该对我说……"

（五百五十一）

妻子在乡下去世才两三天，多斯蒙先生就开始出入交际圈了。一个人对他说："多斯蒙，你在妻子死后第二天就出来玩，这不合适吧？"他说："啊！可我还没有接到正式讣告呢。""这没区别，总之是不好的。"他说："哎呀！我只是寻点小开心而已。"

（五百五十二）

狄德罗说："文人可以有个红袖添香的情人，可他的妻子偏得会操持家务。"

（五百五十三）

一位医生建议某先生进行烧灼疗法，后者执意不肯。几个月后，病人恢复了健康。医生遇到他，见他身体大好，就问他用了什么药方。病人说："什么都没用，我整个夏天都吃好喝好；我有一个情人，日子过得开心惬意。但冬天就要来了，我担心眼睛的脓症复发。您不建议我采取烧灼疗法吗？"医生严肃地对他说："不用了，您有一位情人，这就够了。其实更明智的做法是离开情人、进行烧灼疗法，不过您可能不需要，单是情人的灼痛就已够您受的了。"

（五百五十四）

一个对生命极其淡漠的人在临死前说："布瓦尔医生会被传染得病的。"

（五百五十五）

特雷穆瓦先生对他的妻子既没爱意，也没敬意，两人已经分居；可他听说妻子得了天花后，竟与她共处一室，染上此病，最后去世，给妻子留下一笔巨大财富，让她有权改嫁。这可真是一桩奇事。

（五百五十六）

有一种建立在无知之上的坏的谦逊，有时会对才德杰出的人产生有害影响，使其沦为平庸之辈。我想起一位才华卓著的人在餐桌上对几个宫廷中人说的一句话："啊！先生们，我真后悔自己浪费了许多时间，才发觉自己比你们高明了多少！"

(五百五十七)

胜者永远被视作人中龙凤，就像狮子总被人视为百兽之王。

(五百五十八)

大众完全不相信某些纯净的美德与情感，它几乎只受着低俗思想的熏染。

(五百五十九)

人们说西西里盗贼横行，去过那里旅行的某先生认为这纯属偏见。 为了证明此话有误，他还补充说：他每去一个地方，人们都告诉他："强盗在别地儿。"一个快乐的愤世嫉俗者——B先生对他说："您看，在巴黎就不会有人对您说这话。"

(五百六十)

大家都知道，巴黎有许多小偷和警察很熟，警察对其行为几乎是默许，只要不让他们当同行的告密者，他们也会听警察的话。 有一天，一个警察总监叫来一群小偷，跟他们说某人在哪天、哪个区被偷了什么财产。"先生，他是在几点丢的东西？""下午两点。""先生，这不是我们干的，我们没法回答您；一定是那些流浪汉干的。"

(五百六十一)

某先生开玩笑说，巴黎警察和密探靠每个正直人士养活，就像蒲柏说的评论家和记者靠诗人养活一样。

（五百六十二）

他偏激却自恃为智者，我愚蠢却自我怀疑。从这个角度来看，我比他更接近智慧。

（五百六十三）

有句漂亮的土耳其谚语是这么说的："啊，厄运！你若独行，我就感激不尽了。"

（五百六十四）

意大利人说："肚脐以下，没有宗教，没有真理。"

（五百六十五）

圣奥古斯丁解释上苍时说：上苍把坏人留在世上让他变好，把好人留在世上让他变得更好。

（五百六十六）

人是邪恶的，任何抱着人能改邪归正、变得诚实理智的希望乃至意愿，都是荒唐的；这种浪漫想法只有出现在天真少年郎身上才情有可原。

（五百六十七）

L先生说："人实在让我眼烦。"N先生对他说："您不眼烦。"此言不是在否认L先生的话，而是在愤世嫉俗地告诉他：您的眼光不错。

(五百六十八)

一位看透世事的老人对我说："我的余生就像一只半被榨干的橙子，我无益地继续挤压它，费了好多力气，只得到几滴汁水。"

(五百六十九)

有人说，我们的语言追求明澈。 可某人发现，这是因为人最喜欢他最需要的东西；如果语言被运用不当，它随时可能陷入晦暗不明中。

(五百七十)

有想象力的人和诗人应相信在上帝那里：

Ab Jove principium Musis①，

或者，

Ab Jove Musarum primordia。②

(五百七十一)

有人说，诗歌就像橄榄，囫囵装成一麻袋才能赚钱。

(五百七十二)

愚昧无知、品行不端的人也会学习书中的想法、道理与崇高情感，就好比一个有钱女人也会去逛布料市场以炫耀自己的财富。

---

① 拉丁语，意为"缪斯是第一位"。
② 拉丁语，意为"一切始于缪斯"。

（五百七十三）

某先生说，学识渊博的人是荣誉殿堂的铺路工。

（五百七十四）

某位先生是个希腊学究，遇到任何一件当代事件都言必称古代。您跟他说修道院长泰雷，他就给你引雅典将军阿里斯提德的话。①

（五百七十五）

有人以每册三个苏的价格向一位文人出售《法国信使》②合集。他的回答是："我还在等它降价哩。"

（五百七十六）

某位过了几年清心寡欲的生活、如今却深陷爱河的先生，先前被朋友们取笑未老先衰，如今他则对朋友们说："你们错了：那些年我确实苍老了，但现在的我十分年轻。"

（五百七十七）

大多数行善者就像那些蠢笨的将军，夺了城市，却丢了本营。

（五百七十八）

一个智者发现他被两个恶作剧者奚落，便对他们说："先生们，

---

① 参见格言三百零六注释①。
② 《法国信使》（Mercure），最初叫《文雅信使》，1672 年由维泽创办，一份为社交场合提供谈资的杂志，1724 年更名为《法国信使》。

你们错了，我既不是傻子也不是笨蛋，我正站在这两者中间。"

（五百七十九）

一个丑女盛装打扮，好与年轻漂亮的女人为伍。在讨论中，那些害怕落下风的人也是如此，想方设法调转话题。本来人们在讨论谁最漂亮，丑女却想人们关注谁最富有。

（五百八十）

D 先生拒绝了一个漂亮女人的示好，那女人的丈夫却因此厌恶 D 先生，好像他接受了妻子的勾引似的。D 先生说："见鬼！他要知道自己有多可笑就好了！"此话引来一阵大笑。

（五百八十一）

有个人对妻子的放荡生活视而不见，哪怕后者多次挥霍他的财产也毫不在意。妻子去世时，他还表现得无比悲伤，难过地对我说："我想说路易十六在玛丽·特蕾西亚①去世时说的那句话：这是她第一次让我感到忧伤。"

（五百八十二）

一个漂亮女人对她讨人厌的已婚情人说："先生，要知道，您和我的丈夫一起出现在社交场合时，您得比他更招人喜欢才对。"

---

① 玛丽·特蕾西亚（Marie-Thérèse，1717—1780），哈布斯堡王朝杰出的女政治家，路易十六的岳母。

（五百八十三）

一位医生说："只有遗产继承人才会出手阔绰。"

（五百八十四）

有一种感谢是低廉的。

（五百八十五）

在各座首府中，老人比年轻人更加堕落，因为成熟之后就是腐朽。

（五百八十六）

没有贫穷玷污不了的美德。

猫偷了女仆的晚饭，这不是猫的过错。

（五百八十七）

DL 先生向 D 先生讲述了人们待他如何糟糕，并补充道："如果您处于我的位置，您会怎么做？"由于承受了不公待遇而变得冷漠、由于愤世嫉俗而变得自私的 D 先生冷冷答道："先生！ 如果我处于这种情况，我就好好保养自己的胃，保持自己的舌头红润健康。"

（五百八十八）

一位对《自然体系》①深恶痛绝的索邦大学学者说："这本书坏到

---

① 《自然体系》（Système de la Nature）是法国启蒙思想家霍尔巴赫（Paul d'Holbach）的代表作。

极点、糟糕透顶，这是明目张胆的无神论。"

（五百八十九）

哲学家就像修道士，其中许多人被迫入了这个行当，终其一生都处于狂躁之中；另外一些人耐心隐忍；只有一小撮人是真正幸福的，他们沉默不语，绝不以说服人们改变信仰为追求；另一些则以招募信徒为己任，却倍感失望。

（五百九十）

人们把书放在自己的藏书室里，但某先生则把藏书室放在他的书里（这就是藏书吹嘘者）。

（五百九十一）

某人写了一本关于意大利的书，一个小姑娘问他："先生，您写了一本关于意大利的书吗？""是的，小姐。""您去过那儿吗？""当然。""那这本书是您在旅行前写的，还是旅行之后写的？"

（五百九十二）

某位先生被频频要求朗读他的诗作，他对此不胜其烦，说他每次朗读都想起新桥上的江湖骗子在开始表演时对猴子说的话："来吧，我亲爱的波特朗，我们来这儿不是为了给自己找乐子。我们得让诸位先生好好开心一回。"

（五百九十三）

有一种忧郁源自思想的宽广。

（五百九十四）

一个乡下神甫在讲道时对他的教民说："先生们，请为因伤在巴黎去世的这座城堡主人向上帝祈祷吧。"（他是被人揍死的。）

（五百九十五）

人们是这么说某位先生的：他越是对一个大贵族卑躬屈膝，就越能攀附上对方。他简直就像一株匍匐攀爬的藤蔓。

（五百九十六）

一个富得流油的人提到穷人时说："最好什么都别给他们，这群可笑的人只会索取。"不止一个君王提到他们的廷臣时也是这么说。

（五百九十七）

一个外省人在国王弥撒中不停问他旁边的人："这位女士是谁？""这是王后。""这位呢？""是贵妇人。""那一位呢？那个！""阿尔多瓦女伯爵。""另外一个呢？"不耐烦的凡尔赛居民回答道："那是已故的王后。"

（五百九十八）

显贵会议①召开期间（1787 年），在讨论总督在省议会中该有哪些权力时，一位要员大力支持总督。人们请一个智者前去说服这位

---

① 显贵会议（Assemblée des notables）是由法国国王在非常场合召集的会议，与会者通常是身份显赫的贵族，目的是就国家事务进行磋商。

要员。 这位智者承诺一定不辱使命，并达成了目的。 人们问他是怎样做到的，他说："我并没有强调总督滥权引发的弊端；但您知道，他非常执迷于贵族头衔，于是我跟他说，如此一来，最尊贵的贵族也不得不对总督唤一声'阁下'了。 他一听大吃一惊，这才同意了我们的观点。"

（五百九十九）

暴君政府的定义：一种上层人卑鄙、下层人受辱的秩序。

（六百）

庸臣导致了王权的毁灭，就像牧师导致了教权的毁灭一样。 上帝与国王因他们仆人的愚蠢而受到惩罚。

（六百零一）

一个人天真地对他的朋友说："今早有三个人被判死刑，其中有两个确实该死。"

（六百零二）

某位先生说："智慧与愚蠢分庭抗礼。 而智慧之所以是智慧，是因为它聪明地夺去了权威。"

哲学简谈

本书这部分中七十三篇哲学简谈，前四十九篇出自原版第三卷，后二十四篇被勒斯居尔首次收入他的《尚福尔选集》第二卷中。我们完全遵照了原本。

——编者注

（一）

甲：您是如何做到麻木处之的?

乙：这要一步一步来。

甲：怎么讲?

乙：上帝慈悲地把我造成这样，让我再不招人喜欢；我看出这一点，余生只能孑然一身了。

（二）

甲：您不再见某先生了?

乙：再也不见了。

甲：怎么会这样?

乙：我以前见他时，他只是作风不好；后来他连个好同伴都算不上，那就没办法了。

（三）

甲：我跟她闹翻了。

乙：为什么？

甲：我说了她的坏话。

乙：我来当和事佬好了；您说了什么坏话？

甲：我说她卖弄风情。

乙：我来帮你们重归于好。

甲：我还说她不漂亮。

乙：那我还是不蹚这浑水了。

（四）

甲：您能相信吗，我看到某夫人在十五个人面前为她的男友放声大哭。

乙：我跟您说过了，这是一个能做成任何她想做的事的女人。

（五）

甲：您会结婚吗？

乙：不会。

甲：为什么？

乙：因为我会不快活。

甲：为什么？

乙：因为我会嫉妒。

甲：为什么您会嫉妒？

乙：因为我会戴绿帽子。

甲：谁说您会戴绿帽子?

乙：我会戴绿帽子，因为我活该。

甲：为什么您活该?

乙：因为我到头来还是会结婚。

（六）

厨师：我没买到鲑鱼。

索邦大学学者：为什么?

厨师：一个参政员把鱼买走了。

学者：拿上这一百埃居，把鲑鱼和参政员都给我买回来。

（七）

甲：您很了解大臣的把戏!

乙：因为我曾跟他们共事。

甲：我猜您混得不错吧?

乙：根本不是。 他们这些玩家把牌悉数翻给我看，还把底牌亮了出来，但完全没跟我分享收益部分。

（八）

老人：您年纪轻轻就愤世嫉俗。 您多大了?

年轻人：二十五岁。

老人：您觉得自己能活到一百岁吗?

年轻人：不大可能。

老人：人到七十五岁会改过自新，您相信吗?

年轻人：这太荒唐了，我不信。

老人：然而您还是应该想想，既然您为世人的卑劣而生气……从现在到他们七十五岁期间，他们要是改邪归正了，您也不会愤怒，因为您只剩不多的时间去享受改造世人带来的愉悦了。

年轻人：您的说法很值得深思，我会好好考虑的。

（九）

甲：他曾想方设法地侮辱您。

乙：只有不被自己之外的任何人尊重的人，才不会被任何人侮辱。

（十）

甲：您介绍给我的那个女人并不有钱。

乙：但您很有钱啊。

甲：可我想要一个有钱的妻子，这样才般配。

（十一）

甲：我曾疯狂地爱着她，觉得自己会抑郁而亡。

乙：抑郁而亡? 您已得到她了?

甲：是的。

乙：她爱您吗?

甲：她疯狂地爱着我，爱得要死。

乙：真的? 那为什么您会抑郁而亡呢?

甲：因为她想嫁给我。

乙：怎么会！ 一个漂亮又有钱的年轻姑娘爱着您，您也疯狂地爱着她。

甲：这倒是真的，但结婚，结婚啊！ 上帝，我就这样廉价地卖身了。

（十二）

甲：商界十分公道。

乙：您的意思是商界能赚钱。

甲：公道和赚钱是一回事。

（十三）

甲：我认为这两个女人是好朋友。

乙：朋友？ 您……确定？

甲：我跟您说，我只发现她们形影不离罢了；不过我不太了解她们的圈子，不知道她们究竟是互相喜爱还是互相憎恨。

（十四）

甲：R 先生说了您的坏话。

乙：上帝在人对自己能做什么而形成的看法中加了解毒剂，以解他能说什么的毒。

（十五）

甲：您认识某伯爵先生吧，他讨人喜欢吗？

乙：不。 这是个高贵、睿智、博学的人，仅此而已。

（十六）

甲：我故意伤害了他。

乙：他却从没伤害过您啊。

甲：总得有人开个头。

（十七）

达蒙：克里唐德没有他这个年纪应有的成熟，他太激进了。 民众的缺点、社会的错误，一切都让他怒发冲冠、暴跳如雷。

塞利曼：啊！ 他虽年轻，脑子却好使。 他早晚会拿着两万镑的年薪，对其他一切忍气吞声。

（十八）

甲：您说的关于某夫人的坏话似乎只为迎合公众舆论，因为我觉得您根本就不认识她。

乙：我呀，完全不认识她。

（十九）

甲：您能否赏脸让鄙人看看您为某夫人作的肖像画?

乙：太巧了，我恰好带在身边。

甲：所以我才提了这个请求。

（二十）

达蒙：我觉得您似乎已经收了心，对女人再无兴趣。

克里唐德：我可以用只言片语告诉您我对她们是怎么看的。

达蒙：洗耳恭听。

克里唐德：这是暂时的。 我想再等几年。 这是最审慎的办法。

（二十一）

甲：我如同犯蠢时的智者一样处事。

乙：他们是怎么做的?

甲：他们把智慧省下来留到下一次。

（二十二）

甲：我们已经浪费了十五天，但还得从头再来。

乙：没错，就从下个星期开始吧。

甲：什么! 这么早?

（二十三）

甲：有人向掌玺大臣告发了 L 先生说的一句话……

乙：他怎么知道 L 先生的话?

甲：他有线人!

（二十四）

甲：人得和活着的生活在一起。

乙：这话不对；人得和死去的生活在一起。①

———————————

① 原注：即和他的书生活在一起。

(二十五)

甲：不，先生，您无权被葬在这座小教堂中。

乙：我有权；这座小教堂是我的祖先建的。

甲：对，但您已过世的父亲将它转让给我，从此它就是我的教堂了。

乙：不，我不同意。我有权被葬在这儿，我有权立刻被葬在这儿。

(二十六)

甲：先生，我是一个贫穷的乡下演员，想加入您的剧团，我没有什么……

乙：这是老把戏了，先生，甚至没有一点创意和才能。

甲：先生，我慕名而来……

乙：我没什么名声，也不想出名。

甲：啊！先生!

乙：况且您看看，名声有什么用？有什么赚头?

(二十七)

甲：您爱的某小姐会是个富有的继承者。

乙：到那时我就不认识她了，只知道她是个富有的继承者。

(二十八)

公证人：很好，先生，一万埃居的遗产；然后呢?

濒死者：两千埃居给公证人。

公证人：先生，这些遗产在哪儿？

濒死者：唉！ 不错，这就是问题所在。

（二十九）

甲：某夫人还年轻，就嫁给了一个七十八岁的老头子，还给他生了五个孩子。

乙：那些孩子可能不是他的。

甲：我认为是，因为那位母亲十分憎恨他们。

（三十）

女仆对孩子说：这事让您开心还是厌烦？

父亲：这问题实在奇怪！ 应该说得再简单些。 我的孩子？

小女儿：怎么了，爸爸？

父亲：从那座房子回来后，你有什么感觉？

（三十一）

甲：您了解 B 夫人吗？

乙：不了解。

甲：但您常去见她。

乙：经常。

甲：所以？

乙：但我从未仔细研究她。

甲：我懂了。

（三十二）

克里唐德：结婚吧。

达米：我绝不结婚；我自己一个人过得很好，自得其乐，这就够了。 我根本不爱任何人，也不被人爱着。 再说，眼下跟结婚也差不多：有一座房子，每天要和二十五个人一起吃饭。

（三十三）

甲：某先生认为与您谈话如沐春风。①

乙：这绝非得益于和我对话的那个人。

（三十四）

甲：您知道吗，让我们瞠目结舌的那件丑事，某先生听了竟毫不惊讶!

乙：他对自己的丑事都不会惊讶，更何况别人的?

（三十五）

甲：宫廷从未像现在这样仇恨智者。

乙：我也这么认为，它也从未如此愚蠢过。 两个极端若相互远离，再想和解就难上加难了。

（三十六）

达蒙：您会结婚吗?

---

① 原注：这人是个蠢货。

克里唐德：当我觉得要结婚就得爱一个人时，结婚成了我眼里一件绝非不可能，但也困难重重的事；可当我想到我不仅得爱一个人、还得被爱时，结婚在我看来便是难于上天。

（三十七）

达蒙：当我们说到某先生时，您为什么一言不发？

克里唐德：因为我宁愿让人们抹黑我的沉默，而非歪曲我的言辞。

（三十八）

某夫人：往我们这边来的是谁？

C先生：是柏夫人……

某夫人：您认识她吗？

C先生：怎么？ 您不记得您昨天刚说过她的坏话吗？

（三十九）

甲：您不认为宪法中的更改部分对艺术有害吗？

乙：正相反。 这些更改为灵魂和才华添了一分坚毅、高尚、威严的色彩。 剩下的就是品味问题了，品味是路易十四时期伟大作品的成果，它与新的民族精神之气相结合，让我们跳出束缚民族精神飞跃发展的狭隘常俗的怪圈。

（四十）

甲：转过头去。 L先生来了……

乙：别怕，他是近视眼。

甲：啊！ 您这话真令我高兴！ 我是远视眼，我相信，我和他再也见不着面了。

（四十一）

谈一个缺乏个性的人

道尔：他很爱 B 夫人。

费兰特：他怎么知道的？ 谁告诉他的？

（四十二）

两个廷臣的对话

甲：您很久没见过图格先生了吧？

乙：对。

甲：是自他失宠之后？

乙：差不多吧。 我担心我的出现会让他想到从前我们每天都能见到国王的快乐日子。

（四十三）

普鲁士国王和达吉的对话

国王：来吧，达吉，给我说说法国国王的那些礼节，让我寻点消遣。 就从他一早起床开始吧。

于是达吉详细描述了法国国王要做的一切，还历数了官吏、仆从、公务员等所有人。

国王（爆发出笑声）：啊！ 我的上帝！ 如果我是法国国王，我就另设一个国王替我处理所有这些琐事。

(四十四)

皇帝与那不勒斯国王的对话

国王：我接受了最粗糙的教育。

皇帝：怎么会?（把头转向一边）这人话中有话。

国王：您知道吗，我二十岁了还不会炖鸡；我仅有的一点烹饪知识是：菜肴是为我做的。

(四十五)

B夫人和L先生的对话

L先生：把我们聚在一起吃饭，这想法真是有意思。 不算您丈夫的话，我们是七个人。

B夫人：我希望能把所有我爱过的人、我以不同方式仍爱着的人和爱我的人聚在一起，以证明道德在法国依然存在。 因为我对他们任何人无怨无悔，一起时也忠诚于对方。

L先生：确实如此；看来只有您的丈夫有所怨言了。

B夫人：我还要埋怨他呢：我不爱他，他却娶了我。

L先生：这话没错。 但里面有个人您从没跟我说过，这是在我之前还是之后的事?

B夫人：在您之前；我从未敢向您提起，毕竟跟您在一起时我还很年轻!

L先生：有一桩事情令我惊讶。

B夫人：哪一桩?

L先生：为什么您没邀请L骑士？ 我们都很想念他。

B夫人：说起来我就气。 他在一个月前去毛里求斯了。

L先生：您还是等他回来之后再生气吧。

（四十六）

L夫人和B先生的对话

B先生：啊！ 亲爱的，大事不好，您的丈夫什么都知道了。

L夫人：怎么？ 他看了我们的信？

B先生：绝对没有。

L夫人：有人泄密？ 我们朋友中有人恶意透露消息？

B先生：不是。

L夫人：那么到底怎么回事？

B先生：今天早上，您的丈夫向我借了五个金路易。

L夫人：您借给他了吗？

B先生：我立刻就给了。

L夫人：那就好！ 没事，他还什么都不知道呢。

（四十七）

楚迪公爵的歌剧《达那伊得斯①》首演之后几个人的对话

甲：在这出歌剧里，一共死了九十八个人。

---

① 达那伊得斯是希腊神话传说中埃及国王达那俄斯50个女儿的总称。 达那俄斯
将50个女儿嫁给孪生兄弟埃古普托斯的50个儿子。 婚礼准备就绪，达那俄斯
突然想起古老的预言：他会被自己未来的女婿杀死。 中断婚礼为时已晚，于是
他将50个女儿叫到跟前，给她们每人一把短剑，命她们在新婚之夜杀死自己的
丈夫。 最后只有大女儿许珀耳涅斯特拉，没有杀死自己的丈夫林叩斯。

乙：是吗？

丙：没错。除了许珀耳涅斯特拉，达那俄斯所有女儿都死了；除了林叩斯，埃古普托斯所有儿子也死了。

丁：那的确死了九十八个人。

戊（医生）：死了这么多人，这是传染病吧？

己（牧师）：跟我说说是哪个教区的传染病？ 这能给教区神甫带来一大笔收入啊。

（四十八）

达兰博尔与门房的对话

门房：先生，您去哪儿？

达兰博尔：去找某先生。

门房：为什么您不跟我说？

达兰博尔：我的朋友，人们跟您说话是为了知道主人在不在家。

门房：所以呢？

达兰博尔：我知道他在家，因为他约了我。

门房：那也一样，您还是要跟我说，否则我成什么了？

（四十九）

教廷大使潘菲利与他的秘书的对话

教廷大使：上流社会的人是怎样谈论我的？

秘书：人们指责您为继承遗产毒死了一位亲戚。

教廷大使：我确实给他下了毒，然而是为了另一个原因。 还有呢？

秘书：您谋杀了夫人，因为她对您不忠。

教廷大使：根本不是；那是因为我曾透露给她一个秘密，怕她走漏了风声。然后呢？

秘书：您把一个姑娘给了您的侍从。

教廷大使：完全相反；是侍从把她给了我。就这些？

秘书：人们指责您装腔作势；您最新一首十四行诗根本不是您自己写的。

教廷大使：滚蛋！混账，从我眼前消失！

（五十）

甲：我什么都不知道；但人们都这么说，我就信了。

乙：您开始相信了，那些在交际圈造谣的人可能自己都不信。

（五十一）

甲：您跟我说这是个正直的人。

乙：不，我跟您说的是，这是个比较正直的人。

（五十二）

甲：您指责我不道德！

乙：不是这样的。再说，不道德又怎样？不道德的人又不会被绞死。

（五十三）

甲：他不能来见您了，他有些事要处理。

乙：我信这事儿。他从没把一件事做完过，所以永远有处理不完的事。

（五十四）

杜万古尔：我要让他亲耳听到，我要对他说：先生……

阿拉蒙：如果您说"先生"，对话就到此为止了，因为他只喜欢被称作"阁下"。

（五十五）

主人与仆人之间的对话

主人：小子，自从你老婆死后，我发现你每天都醉醺醺的，以前你每个星期只喝醉两三次。我希望你明天就结婚。

仆人：啊！先生，让我再悲伤几天吧！

（五十六）

"先生，我想您还欠我一万埃居。"

"先生，我请您换一个东西想想吧。"

（五十七）

谈一个闹翻的旧友

甲：我跟您说说 L 先生。

乙：我不认识他。

甲：您怎么这样说？我明明看见你们在一起。

乙：我以为我认识他。

（五十八）

乙：您不觉得某先生很和蔼可亲吗？

丙：不大觉得。

乙：多明显的事啊。

丙：他没您认为的那么和蔼可亲。

乙：我坚持我的观点。 您可能没见过他在家的样子吧；在他能舒展手脚的地方，我们才能认清这个人。（这人是个妻管严，在妻子面前大话都不敢说一句。）

（五十九）

甲：这个人有思想吗？（他很健谈。）

乙：您这么问，就像人在敲钟的时候问别人几点了。

（六十）

甲：您把人看得太恶了，人有时候也做好事的。

乙：魔鬼也不是到处都有的。

（六十一）

甲：您不需要钱吗？

乙：我永远需要钱。

（六十二）

一位小姐：我向他吐露了我们的爱情；我什么都说了。

乙：您是怎么说起这个的？

一位小姐：我说了您的名字。

（六十三）

甲：听说您要娶某小姐。

乙：没有。 怎么会有这种奇怪的议论！

甲：为什么不娶她呢？

乙：扭结太强，没法发展情节。①

（六十四）

克莱翁：我见不到您了。 因为您丈夫行事不同于别的男人。

塞菲丝：他以为那样他就不会像其他丈夫一样了。

（六十五）

甲：某夫人认为您很可爱。

乙：可爱是件好事，但跟我的成功没什么关系。

（六十六）

希达丽斯：您爱我姐姐，然而她很庸俗。

多丽丝：确实如此，但我并不为此气恼。

达蒙：您比我更有思想，因为您还没有爱上我，您的思想就已让我欢喜了；而我爱着您，却没有足够的思想讨您喜欢。

———————————

① 暗含"关系太牢，没法私通"之意。

（六十七）

甲：如果您这么做，我就永远不原谅您。

乙：当然喽！ 这正是我想要的。

（六十八）

甲：他要求我提防所有人。

乙：真的吗？

甲：我就照他说的做，从他开始。

（六十九）

甲：您的确有理由埋怨他的忘恩负义。

乙：您认为我做好事时一点都没替自己想过吗？

（七十）

赛琳：他不爱我。

达蒙：他怎么会爱您呢？ 您几近完美。

赛琳：是吗？

达蒙：恋人渴望您的完美是他的作品。 但他在您身上无可增添，他既无法想象创造您的完美，也无法想象将其美化，只能无所事事。

（七十一）

克洛埃：夫人，您从未年轻过吗？

阿尔特米斯：我从未像您这样年轻，夫人。

(七十二)

甲：您得离开他。

乙：离开他！ 那我还不如去死！ ……您能给我什么建议吗？

(七十三)

达蒙（在舞会上，对戴着面具的艾格蕾说）：您美吗？

艾格蕾：我希望我美。

问　题

在社交界，人是否应该或能够获得那些通常有伤自尊的权利？

这个问题比看起来更难解答。　赞成者认为，真正的友情就像一张契约，其中任何一方都要将自己完全奉献给另一方。　他们说，如果友情不能让人向朋友伸出援手或接受朋友的帮助，那么这种友情就是天方夜谭；人们常常不愿麻烦别人而好意掩饰自己的需求，而友情中最大的幸福就在于掀开或撕毁这层掩饰，不吝于表达最深切的情谊；给予帮助者深感荣幸，也义不容辞。

但在我看来，反对者的理由更加充分。　他们说，友谊是纯粹的心灵交汇，其中不应掺杂任何其他动机。　这种想法同样适用于爱情。　无论怎样，人都应尽少利用这条规则。　接受朋友帮忙的人之所以承载好意，完全因为他尊重伸手相助的那个人。　可他怎么知道此人以后是否会堕落呢？　他又必须接受朋友的好意，这多令人绝望啊！　假设此人高尚如初，他又怎么知道朋友会始终爱他，永远不愿利用友情谋取便利？　明知自己强迫或引导别人以谋得自己虚假的幸福，我却没有这么做，而是尊重他的一切行动，这样的人有着多么高尚的灵魂啊！　一时的奋不顾身很难，可长期的自我利益的牺牲更难。　有能力施予帮助的人在被他强迫接受帮助的人面前占上风，要求后者有同样高尚的品质。 不过，我很难相信谁能接受别人比自己高上一等的想法。 我也觉得，强大的人很难察觉自己在无关紧要之事上的优人一等。 由此至少造成一个后果：我一旦接受了别人的善意，我就会习惯性地认为这位恩人永远是高尚的，永远不会对我不利，永远不会不喜欢我，我也不会不喜欢他。 如果前两个条件不成立，那这位恩人会觉得羞赧，蒙受恩情者则会悲伤。

什么是哲学?

有一天，哈提姆泰对自己说：我想要幸福；唯有思想与美德能带来纯粹而持久的快乐。

他向文人大敞其门，在家门口赈济穷人；每到饭点，他的宫中就甚是热闹，还有许多人是浑水摸鱼溜进来的；每天坐在他的餐桌边的，都有帝国数一数二的人才。宾客不仅享尽佳肴和欢乐，当他们将作品题赠主人，以及在小圈子里朗诵作品时，哈提姆泰几乎每次都到场。

可他突然想起，萨法从没来过自己的宫殿。萨法写了《帝国编年史》，出版了最深奥的形而上学著作，还为女士们作了一首名为《玫瑰花园》的诗。这位知识渊博的学者却离群索居，唯一的消遣就是林中漫步；每有狩猎队伍来到他的住处，他就小心地藏匿在浓密的矮树丛里。

哈提姆泰从没见过此人。人总喜欢追求新鲜，被好奇心勾起一种热切愉悦的情感。于是，他决意要当面向这位哲学家请教，便下令去森林狩猎。此次狩猎只有一个目的：围住并抓到这位世界上最孤僻的文人。

哈提姆泰终于如愿以偿地站在了萨法面前：

"为什么我从没见过你?"

"因为你我不需相见。"

"你看不起我?"

"我赞扬你,你为别人带来了幸福。"

"那是什么阻止你得到应有的那部分幸福呢?"

"因为让别人幸福的东西不能让我幸福。"

"你更喜欢活在贫穷之中?"

"毫无疑问。 我的父亲很穷,没给我留下太多东西,但这有限的所得已让我心满意足了。 因此我不需要你给我什么。"

"多么高尚的美德!"哈提姆泰暗叹,然后回去了。

回到宫殿之前,哈提姆泰看到了杰玛德,他肩上正扛着重重的柴禾。

"为什么你宁愿辛劳干活,"他对杰玛德说,"也不去哈提姆泰的门前吃个饱呢?"

杰玛德答道:

"因为自给自足的人不愿依靠哈提姆泰。"

哈提姆泰思忖道:

"这人如此贫穷,却透着一种高贵。 唉! 我门前和客厅里那些人,不正是人类当中最卑劣的两类人吗? 人但凡有丁点儿德行和傲骨,在接受我的好意时不会脸红吗?

但是有人会对我说,这种愚蠢的问题已是陈词滥调。 人们已经证明过千百次,哲学让一个人在孤单中获得快乐,让他对无法满足自己精神与心灵的声色犬马的生活产生鄙夷。 可这就是哲学唯一的好处了? 卢梭的话有道理吗?"

哈提姆泰回到宫殿,穿过一群仍在享受盛宴残席的穷人。 他在众人中看见了孜尔卡德，这个年轻的懒汉一看到他，就忙跑过来撒玫瑰，且就只他喊"哈提姆泰万岁！"喊得最起劲儿。

"你身强体壮。"他对孜尔卡德说。

"那是因为不知何时起，你的山鸡变得更加肥美多汁了。"

"你一身肌肉。"

"因为我的胃让它们充满力量，我也很少做力气活。"

"你没被劳作压弯脊梁。"

"自从哈提姆泰为我提供食物以后，我就再不劳作了。"

"这样看来，我认为你是有力气背柴禾的。"

"当然，不过那样我在社会上就毫无用处了。"

哈提姆泰闻言感到惊愕。

"要知道，"孜尔卡德补充道，"这就是我的哲学。 哈提姆泰接纳穷人，此举能满足他的虚荣心；他做这些好事可能是出于骄傲，可能是出于快乐。 但这有什么重要的？ 我接受了他的善行，因此过着更好的生活，还能利用闲暇时间像他一样做好事。"

哈提姆泰更加惊讶了。

"当然了，"孜尔卡德又补充道，"虽然我是你门下的食客，但我还是知道自己身体强健。 所以我会去贫穷而柔弱的海吉家，她住在河边，有六个年幼的孩子。 我帮她撒网捕鱼，晚餐后把网拉上来，网里的鱼就够她养家了。 白天，我去市场散步，虽然无所事事，但我会了解每件商品的价格，并转告那些富裕的商人，这样他们就不必亲自跑一趟了。 我常常发现市场中有人弄虚作假，并实时告知买家。 我也常向农民提出建议，让他们提供当前卖得最好的时鲜。 不工作也可以在社会中派上用场。 如果我为了一口热汤整天砍柴，还能提供这些服务吗?"

哈提姆泰没有回答。 他一回到宫中,就发现美丽的法特美站在后宫门前等待他的命令;在大厅里,机敏聪明的利卡已经在等开饭了。 法特美马上要与同伴一起参加一场音乐会和一场舞会,她忙着梳妆打扮,好让自己保持光彩照人的一面。

哈提姆泰还想着他听到的各种回答。 他在法特美身边停留了一会儿,问她如何快速证明自己在这世界上的用处。

"哈提姆泰,"她对他说,"离这儿不远住着一个贫穷主妇,她需要您的帮助:她想把一件做工极为精致、质地无比均匀的珍珠首饰卖给您,为了尽快脱手,她已降了价。 您肯定不会拒绝我的吧?! 一个贫穷的毛拉想卖掉一些漂亮的鸟,我也请您买下几只吧;还有,您记得新的宫廷舞蹈吗? 发明这种舞蹈的黑迪只能以此为生。 我今天提这些看似任性的要求,其实您看,这能让他们幸福。"

哈提姆泰离开,并叫来了利卡。 利卡是创作宫廷戏剧的诗人,经他写出的歌剧非同凡品,里面睿智的对白、美丽的仙境、魔法般的布景,让人看了如痴如醉。

"利卡,"哈提姆泰对他说,"我见到了萨法,他十分快乐地独居着。 这是最睿智的哲学家。"

"他有没有告诉你,"利卡答道,"他的父亲成了什么样子?"

"没有,但他很少花他父亲的钱。"

"确实如此;但他父亲曾是帝国富商之一,后来他又老又盲,全指望儿子来管理账本、规划收支、保护财产,可萨法只愿躲在森林里写文章。 他的父亲只好找了一个帮手来顶替他,然而这个帮手并不忠诚,把他给骗了,老人直到破产时才得知真相。 他不得不放弃全部家产，可这还不够还债呢。 现在，他在给一位老朋友帮忙。 并且他留给儿子的那一点财产，是他付出比先前阔绰时候更大的努力，咬紧牙关才省下来的。"

"哈提姆泰，"利卡接着说，"我比萨法更像个哲学家。 他生活在森林里，只跟自己打交道；他没有野心，躲避着社会的一切黑暗，这我都同意；但他对任何人来说都是没用的。 不幸的兹莉娅在花园里只收获了几粒种子，为此十分忧伤；我教她用一种新方法种玫瑰，现在她收获颇丰，通过卖玫瑰香精而发家，还免费送给我一些，让我把香精喷洒在哈提姆泰的衣服上。 同样不幸的还有每天传达哈提姆泰的命令、记录哈提姆泰的快乐的卡尔瓦，因为他出版了一些平庸作者的作品，在公众遇冷；我每天花几个小时阅读他收到的手稿，现在他靠出版我推荐给他的好作品养家。 如果我只顾自己，就不能提供这样的帮助了。 但是哈提姆泰，让我快乐的事必须让我有利可图；我帮卡尔瓦赚了钱，并趁机出版了自己的诗，因此名声大涨，让我的自尊心大大满足。"

"哦，哈提姆泰！"利卡补充道，"真正的哲学家是欧马兹特①在社会中的一个臣仆。"

———————————

① 伊朗神话中的善神。

图书在版编目(CIP)数据

格言与思想/(法)尚福尔著;杨小雪,李筱希译
. —上海:上海人民出版社,2020
(逻各斯·猫头鹰译丛)
ISBN 978 - 7 - 208 - 16639 - 4

Ⅰ.①格… Ⅱ.①尚… ②杨… ③李… Ⅲ.①尚福尔
-名句-汇编 Ⅳ.①B565.299

中国版本图书馆 CIP 数据核字(2020)第 147589 号

责任编辑 赵荔红
丛书策划 刘训练
封扉设计 人马艺术设计·储平

逻各斯·猫头鹰译丛

格言与思想

[法]尚福尔 著

杨小雪 李筱希 译

李筱希 校

出	版	**上海人民出版社**
		(200001 上海福建中路 193 号)
发	行	上海人民出版社发行中心
印	刷	常熟市新骅印刷有限公司
开	本	890×1240 1/32
印	张	5.5
插	页	5
字	数	122,000
版	次	2020 年 10 月第 1 版
印	次	2020 年 10 月第 1 次印刷

ISBN 978 - 7 - 208 - 16639 - 4/I · 1912

定 价 68.00 元